流宣図と赤水図　―江戸時代のベストセラー日本地図―

# Ryūsen's and Sekisui's Maps of Japan
## ―Bestsellers in the Mid and Late Edo Period―

海田　俊一

Toshikazu Kaida

目次 Contents

謝辞 Acknowledgements.................................................................................... 3

序 Preface ..................................................................................................... 4

第1章 石川流宣の日本図の成立と改版の過程 ......................................... 5
Chapter 1. Ryūsen's Maps of Japan: Bestsellers of the Mid-Edo Period
English translation ........................................................................ 23

第2章 改正日本輿地路程全図(赤水図)の改版過程.................................... 33
Chapter 2. The Revising Process of 'Kaisei Nihon Yochi Rotei Zenzu (Sekisui-zu)'
Summary in English ..................................................................... 42
付1. 住吉大社所蔵の奉納本にみる赤水図.................................... 50
付2. 赤水図安永初版の改訂過程の一覧図表 .............................. 52
付3. 赤水図安永初版の改訂識別のためのフローチャート ............ 54
付4. 赤水図の彩色における色名について ..................................... 54
第3章 赤水図の模倣版などについて .......................................................... 55
Chapter 3. Derivative and Pirated Version of 'Kaisei Nihon Yochi Rotei Zenzu (Sekisui-zu)'
Summary in English ..................................................................... 67

付録 資料所蔵先の略称リスト ................................................................... 68
Appendix I. List of Abbreviations of Location Names................................ 68
II. List of Japanese Edo Era Names

索引 ........................................................................................................... 69
Indices ...................................................................................................... 70

表表紙：日本山海図道大全(日本海山潮陸図: 元禄 16(1703)年 相模屋版の**流宣図**)の東日本
拡大図。辰砂の朱赤だが保存状態のためか黒辰砂に黒変している
**Front cover**: the eastern part of Japan in *Nihon Sankai Zudō Taizen* ( *Nihon Kaisan Chōriku zu*, 1703), by Ryūsen Ishikawa.
The orange color "cinnabar" has been changed to black metacinnabar.

裏表紙：改正日本輿地路程全図(赤水図): 寛政 3(1791)年版の東日本拡大図。
**Back cover**: the eastern part of Japan in *Kaisei Nihon Yochi Rotei Zenzu* (Sekisui-zu, 1791), by Sekisui Nagakubo.

## 謝辞

　所蔵本の現地調査にご協力いただいた神戸市立博物館の小野田一幸先生と学芸員諸氏, 国立歴史民族博物館の青山宏夫教授, 長久保赤水顕彰会・高萩市歴史民俗資料館の佐川春久氏, 住吉大社文教課の小出英詞氏, 津市図書館・龍谷大図書館の職員の方々, 資料をご提供いただいた東北大学附属図書館, 冨山県立図書館とライデン大学図書館, 図版の掲載をご許可戴いた神戸市立博物館, 国立天文台図書室, 岡山大学附属図書館, 早稲田大学図書館, 法政大学国際日本学研究所, ブリティッシュコロンビア大学図書館, ならびに国立国会図書館, 国立公文書館, カリフォルニア大学バークレー校東亜図書館, 不躾な問い合わせに親切にご回答いただいた九州大学附属図書館の梶嶋政司先生, 神戸大学附属図書館, 大洲市立図書館の職員の方々に感謝いたします. また, ローズ・C 氏に英文の監修をご協力いただきました。ここで篤く御礼申し上げます.

## Acknowledgements

I would like to express my sincere gratitude to Mr. Kazuyuki Onoda and other curators of the Kobe City Museum, Professor Hiro'o Aoyama of the National Museum of Japanese History, Mr. Haruhisa Sagawa of the Memorial Society of Nagakubo Sekisui and the Takahagi City Museum of History and Folklore, Mr. Eiji Koide of the Sumiyoshitaisha, and the librarians of the Tsu City Library and the Ryukoku University Library, who kindly gave me the opportunity to examine or photograph their collections. I also wish to thank the librarians of the Tohoku University Library, Toyama Prefectural Library, and the Leiden University Library, for sending me images of their collections. I am grateful to the curators of the Kobe City Museum and the librarians of the Okayama University Library, the Waseda University Library, the National Astronomical Observatory of Japan Library, the National Diet Library, the National Archives of Japan, the Hosei University Research Center for International Japanese Studies, the C. V. Starr East Asian Library, University of California, Berkeley, and the University of British Columbia Library, for permitting me to publish their images. I also appreciate the cooperation of the librarians of the Kushu University, the Kobe University and Ōzu City Libraries. I am also grateful to Ms. Rose C. for correcting the English in the article on Ryūsen.

## 序

　私と 16-18 世紀のオランダ・フランドルの絵画との出会いは 20 年以上前になります。それから銅版画のつながりで，同地が一大製作地であったことから古地図，さらに天球儀・地球儀と天文資料に関心を持ちました。その後，和本の古地図としては初めての出会いが長久保赤水の唐土歴代州郡沿革地図でした。

　今回，生誕 300 年になる長久保赤水の日本図，赤水図についてある程度の知見がまとまったので，江戸時代の二大刊行日本図といえる石川流宣の地図の知見と合わせて，論文集としてここに刊行します。古地図愛好家の方には有益な情報を盛り込んだつもりですが，研究機関の研究者ではないので誤りもあるかもしれません。お気づきのことがあればご指導いただければと存じます。なお，注と参考文献は重複もありますが，各章毎に掲載致しました。

　今後も機会があれば，趣味人の蘊蓄として，江戸時代のほかの古地図や天文資料なども含めて改めてご紹介してゆければと思います。

## Preface

I have been collecting Dutch and Flemish paintings of the late sixteenth to early eighteenth century for more than twenty years. After studying copperplate prints (primarily of biblical scenes), I became interested in old maps printed in the Netherlands. I then cultivated an interest in terrestrial and celestial globes of the seventeenth to eighteenth century and in astronomical charts and instruments of both western and eastern origin. The first Japanese antiquarian map I bought for my collection was a first edition of Sekisui Nagakubo's Tōdo Rekidai Shūgun Enkaku Chizu [Historical Atlas of China throughout Successive Dynasties].

This year celebrates the 300th anniversary of the birth of Sekisui Nagakubo, and my study of Sekisui's map of Japan has finally become rather well-organised. This time, therefore, I have bound together three articles on famous maps of Japan in the Edo period, including one, on Ryūsen Ishikawa's map of Japan, accompanied by an English translation. I have added a summary in English to the other two articles on Sekisui-zu.

In future, if permitted, I would like to publish another selection of articles of antique maps, astronomical instruments, biblical books and plates, and old master paintings as a series for connoisseurs.

# 第1章　石川流宣の日本図の成立と改版の過程

## 1．はじめに

　石川流宣（とものぶ/りゅうせん）は生没年不詳ながら，貞享3(1686)年から正徳年間(1711-16)頃まで版木の下絵師ないし浮世絵師として活動したとされる[1]。本名は石川伊左衞門俊之であるが，姓は「石川」「石河」，名は「流宣」「流全」「流仙」「流舟」とも表記され，「踊鶯軒」とも号した。流宣は地図製作者としての素養はなく，師の菱川師宣に倣って主に浮世草子の挿絵を描いている。

　この流宣が下絵を製作し，江戸時代後期まで刊行された日本地図はいわゆる「流宣日本図」と呼ばれている[2]。この日本図は木版日本地図の標準として江戸中期の18世紀で90年以上の間に全版を合わせると50回以上改訂され，1世紀に亘る日本地図のベストセラーであり続けた。しかしながら，この改訂の過程はいささか複雑である。

## 2．流宣図以前の刊本日本図

　日本で印刷された最古の日本図は拾芥抄[3]という書物に刊本では慶長年間(1596-1615)から収載された「大日本國圖」とされ(p.13 図1)，このようなスタイルの日本図は行基図あるいは行基式日本図と呼ばれる[4]。

　一枚物の大型日本地図は，17世紀初頭には屏風に肉筆で，北を上にして横長に描かれることが多かったが，一枚刷の最古の日本地図は寛永年間(1624-1645)の「**南瞻部洲大日本国正統図**」[5]とされ，これは行基図の系統であり南が上の逆さまで71x186cm(以下，サイズは全て縦x横)と大型であった。その後, 17世紀の半ばには掛け軸としても利用できる東を上にした縦長の版が一時刊行されたこともあり，縦1mほど(そのタイトル部分を除けば東西が三尺位で1尺は約30cm)の大きさであった。地図としてはこれとほぼ同大か小ぶりながら，横長で北を上にした「**扶桑国之図**」(これは地図中にある内題で，表紙題箋の外題は新改日本大絵図であるが，日本を意味する扶桑国という内題の方が通称し易い，p.14 図2)が寛文年間(1662-66)に京都で製作されている。この図の日本の形状は後述する家光枕屏風日本図に類似していてその西国部分を東西に縮め直して正し

簡素化したようにも見え，行基図以来の主要な七街道が簡略に描かれるとともに主要な城下町の名と諸国の郡数も地図中に記され，各国の石高[6]の一覧表が地図の下部に添えられている。後述する架空の島国も描かれ，さらに現存するこの図にはしばしば国ごとに岩絵具で彩色されたものがあり，見栄えがする[7]。また別の図としては，南を上にした「**新撰大日本図鑑**」(p.14 図3)が延宝年間(1678-80)におそらく大坂で刊行されている。これには架空の島も無く実用性を重視しており武鑑的要素が強化されていて，とくにこれほど多くの城主名や石高を図中に記入していることは日本図として画期的と言えよう。これには航路は描かれているが，スペースの制約のためか東海道の道筋以外は陸路の街道や里程は記載されていないのが残念である。

## 3．新板日本国大絵図: 作者不明の本朝図鑑綱目の原図

　この新板日本国大絵図は，サイズが版面 68x164cmで無刊記の地図で，大絵図の大図というのは長辺が5尺(150cm)以上とされていたらしい。秋岡によれば，例えば小田原城主は稲葉丹後など藩主大名の名前から貞享2(1685)年以前に製作されたと推定されている。この図は，寛文期の制作とされる肉筆手書きの「家光枕屏風日本図」[8](p.14 図4)を下敷きにして，前述した扶桑国之図と新撰大日本図鑑の長所を取り入れて製作された巧妙な地図といえる。

　家光枕屏風日本図では，日本の形状は全体的にデフォルメされ，とくに本州北東端の短縮と，九州はその南部が北東にずれ上がり北部は西方に拡散し引き延ばされ大きく変形しているのが目立っているが，これらは横長のフォーマットに収めるための方便と考えられている。また，輪郭には装飾的な曲線が多用され，海岸線のすべてがリアス式に見える。

　新板日本国大絵図(p.15 図 5-1)の日本の形状はこの枕屏風日本図と酷似しており，リアス式海岸線も同様で，わずかな違いとしては能登半島や房総半島の形状，西国が左下がりに傾くことくらいである。三方に朝鮮国，夷狄，それに架空の羅刹國が配されている点は枕屏風日本図と異なっている。

陸路・海路の図示は屏風図をそのまま踏襲しているだけだが，とくに陸路の道筋が七街道に留まらず比較的詳細に書き込まれ始めていることは，従来の刊本日本図にはなかったこととして注目される。城や宿場，主要な相互の海路・陸路の里程といった地図上の情報も屏風図に基づいているが，新撰大日本図鑑に羅列されていた藩の石高と城主名が地図の中の藩都の場所に新たに記載されていることが重要な特徴である。

新板日本国大絵図には松前が小島の版と松前と夷狭が陸続きの版があることは秋岡(1955,p.212)が私蔵本の比較で指摘されているが，今回の検討で版木は少なくとも2種存在することが判明した(p.16 図5-2)[9]。

京都の林氏が後にこの版木を利用したことを鑑みれば，この新板日本国大絵図は京都で出版されていた可能性が高そうに思われたが，表にある個々の国別の石高は，京都で刊行された寛文2(1662)年の伏見屋版や同6(1666)年の中林吉兵衛版の扶桑国之図とは異なり，江戸の板木屋次郎衛門が貞享2(1685)・3(1686)年に刊行したやや小ぶりで外題が同じ「新板日本国大絵図」(内題:**日本大遍道図**，以下板木屋版と表記，p.16 図5-3)と同じであった。板木屋版は本稿で論じている新板日本国大絵図と東西に短縮はあるが内容は凡例も含めて類似しており，陸地の道筋をよく示している点では日本大遍道図というタイトルは言い得て妙であろう。新板日本国大絵図と板木屋版との関係は不明ではあるが出版年は同時期であり，形態だけで判断するならば板木屋版は新板日本国大絵図の日本を東西に圧縮して作図したように見え，大から小へという地図の変遷の原則からは板木屋版の方が後刊と考えてよいかもしれない。新板日本国大絵図はライデン大学図書館のシーボルト・コレクションにも所蔵されている。

## 4．本朝図鑑綱目: 流宣日本図の試作版出世作

ここに貞享4(1687)年登場したのが石川流宣作，相模屋太兵衛の刊行による「本朝図鑑綱目」で，流宣の名の入った最初の日本図である。この日本図の形態は，前述の新板日本国大絵図とは，全体的に横(東西方向)に縦横比で1割ほど短縮されていることと本州北端のわずかな形状の差を除けば，リアス式海岸線も含めて酷似しており，これを基に製作されたものであることは間違いない。したがって，残念ながらその日本の地形は不正確である(p.15 図6-1)。

海の波間には様々な船も描かれ独特の美感で仕上げられていて，四隅と中央の上下には陸地が形式的に配置されているが，中には羅列国(正しくは羅利國だが新板日本国大絵図の文字を読み誤ったもの)や韓唐(雁道)といった架空の国々[10]も登場している。城絵(城郭都市を俯瞰した略図)は35万石以上ないし徳川御三家の都市で描かれているようで禁中(京都御所)を除くと14箇所に認められる(p.17 図7-1の江戸など参照)。

また，彩色については相模屋や林氏の初期のものでは，従来の刊本地図では殆ど塗られていなかった海の青色が際立っており，山の緑や街道宿場の朱に加えて，しばしば多色で国を色分けしてあり，扶桑国之図と同様，美術品のような地図(駕籠絵)として貴人の注文や贈答品にも使用されたと推測できる。

このように装飾的な要素が付け加えられ，視覚的な分かりやすさが追及されているが，実用的な要素もふんだんに盛り込まれている。これらのことは本図が買い手のニーズに主眼を置いて製作されたものであることを物語っている。例えば，東海道や甲州街道は二重線で描かれているが，江戸から京都に至る東海道はより太く明示され，その宿場のすべてが地図中に描かれていて，さらに名所も描き加えて道中図としての性格をもたせると共に，各藩の城下町には大名や禄高を記して，武鑑としても使用できるよう配慮してある[11]。周囲の余白には江戸から各地への距離などの一覧表が掲載されている。上部の2つの表は六十八州各々の石高を**五畿七道**，すなわち京都とその周囲の「五畿内」と江戸時代の主要街道である「七街道」，つまり「東海道」「東山道」「南海道」「北陸道」「山陽道」「山陰道」と右表「西海道」，に分類して記載している。右下方の表は東海道・木曽街道[12]・日光道などの宿場とその隣接する里程を示している。

ただし，実用性の観点からはいまだ未完成で，凡例もなく，村と屋敷町が同じ小丸で(多少の大きさの違いがあるものもあるが規則性はない)描かれてしまっているなど視認性に問題もあった。これは新板日本国大絵図の内容を踏襲した際に修正が不完全であったためと考えられる。

あらためて相模屋の「本朝図鑑綱目」を新板日本国大絵図と比較すると(図7-1)，まず大きさは相模屋版が一回り小ぶりで前述のように日本は東西にやや短縮されているが，ほかに形態的に異なるのは，琉球，羅列国

や朝鮮国などの形状の変更や，韓唐・蝦夷嶋を加えたことくらいである。琉球は縦長を横長に回転させているが，松前は島のままである。東海道・木曽街道・日光道などの図中に刷られていた陸路の里程の一部は相模屋版では省略され，入れ替えられた右下方の表に宿場とその隣接する里程を示している。相模屋版では海の波や船や城絵も描き加えて美的要素を増しているが，結局のところ地図としての情報はじつはほとんど同一である。地名の数も例えば武蔵は9から12になっているが，伊予では12から12と変わっていない。

これらの類似性から，流宣の「本朝図鑑綱目」は「新板日本国大絵図」の模倣であって，情報は少し増補したが主に視認性と装飾性を強化した改訂版的な存在と位置付けられるかもしれない[13]。これが流宣の剽窃であったのか，刊記を入れた正規の改訂版だったのかは明らかではない。実際，左下末尾に「南贍部洲大日本國正統圖ハ行基菩薩分形ト云云其跡追テ先圖数多ク有ト雖モ相違ヲ改メ正道ヲ書加テ今亦板行スル者也　刊時貞享四年丁卯五月上旬　之ヲ改ム　石川氏　流舟」とある(p.16 図 6-2)。いずれにしても，流宣と相模屋は恐らく旅人をターゲットとして，この図の見栄えと陸路を中心とした交通情報の豊富さに目を付けたのであろう。新板日本国大絵図が貞享2年頃すでに存在し，相模屋の「本朝図鑑綱目」が貞享4年の刊行であることもこの一連の出版の流れの裏付けになるかもしれない。

ただし，本図は相応の需要があったようで，その武鑑的性格から数年毎に大名の異動などを正して改訂再版されていくようになる。元禄10(1697)年版では内題の本朝図鑑綱目はなぜか削除され，元禄15(1702)年には外題が「大日本正統図鑑」，内題も解説文中に「大日本国正統図」と記すのみで，左下の表の部分も長崎港からの里程であることを書き加えて示すとともにレイアウトを変更し白抜き陰刻を止めて相模屋から出版される。その後，版木は山口屋に移り，宝永5(1708)年から正徳2及び3(1713)年まで同じ内題で短期間再版された。その後の出版が確認されていないのは，より大型で情報量も見栄えもよい日本海山潮陸図の系統に一本化されたためと思われる。この頃の流宣は名前の表記にバリエーションが多い。

版元と題名や刊記部分の主要な改訂から本図を A～F の6種に分類しておくが，版木自体は3種あってA～D・E・Fに分けられる(p.8 表1と図6-2)。

A～D が流宣図であるが，別に京都の書肆である林氏吉永が貞享 5(1688)年に本朝図鑑綱目を出版している(E 版)。林氏は京都や江戸の都市図などで地図出版に長けていたが，E 版には石川流宣の名は記載されていない。林氏の本朝図鑑綱目のいずれにも図工として石川流宣の名が無いことは注目に値する。それ故 E 版以降は厳密には流宣図とすべきではないだろう。秋岡は E 版を相模屋版と同一の内容としているが，実際には E の貞享5年・元禄2年版とも版木は相模屋版とは同一ではなく細部が微妙に異なっている(図7-1)。

流宣の本朝図鑑綱目が江戸で刊行されたことは重要である。元禄期以後，地図出版の中心は次第に京都から江戸に移ってゆく。さらにこの成功により図鑑綱目の連作としてであろうか，流宣と相模屋は2年後の元禄 2(1689)年に江戸図鑑綱目と銘打った江戸図を刊行し好評を博している。念のため付言すると，現時点では前述のとおりであるが，将来もしも林氏の貞享 4年版が発見されるようなことがあれば，本朝図鑑綱目の真の作者が果たして流宣であったのかどうか再検討が必要となることがあるかもしれない。

林氏の F 版となる宝永7(1710)年以降の図は，A～E 版のサイズが58x130cmに対して70x165cmほどに拡大され，内題は本朝図鑑綱目だが，外題は「新板日本国大絵図」として延享年間(1744-1748)まで出版されている(p.15 図 6-3)。じつはこの林氏の宝永7年 F 版は基本的に前節で述べた新板日本国大絵図と同一である。新板日本国大絵図には前述したように2種類の版木があるが，林氏は松前が小島・小田原は稲葉のほうの版木を再利用し，この F 版に使い回している。F 版での修正点は本朝図鑑綱目にあった上部の江戸からの里程表と左下の刊記の追加，図中の城主名の追加と変更，図形では城絵の新たな挿入のほか，(羅利國はもとから描かれているが)韓唐・蝦夷嶋が追加され，朝鮮からの船や南・北の文字が追加されていることくらいである。

この F 版の左下にある外国への里程と南贍部洲大日本国正統図・・・・(以下，略)などの記述は林氏の貞享 5年 E 版と内容は同一だが，埋め木の版木は異なる。また，街道別の国名と石高を E 版では上方二つの表で示していたが，F 版では新板日本国大絵図以来の元々の右下方の表一つで示し，街道別の里程を E 版では右下の表で，F 版では二つの表を上方に追加するかたちで示していて，内容自体は同じである。

表1　本朝図鑑綱目の改版の推移一覧

| 版 | 改訂 | 刊行年 | 版元 | 外題 | 内題(左下) | 著者名 | 所蔵先 | 希少度[14] |
|---|---|---|---|---|---|---|---|---|
| A | 初版 | 貞享4 (1687) | 相模屋 | 本朝図鑑綱目 | 本朝図鑑綱目 | 石川氏　流舟 | NDL, 南波, 歴博・秋岡, 狩野, UBC, 大英図書館, 著者蔵本 | R+ |
| | 2訂 | 元禄2 (1689) | | | | | 歴博・秋岡 | RR+ |
| B | 3訂 | 元禄10 (1697) | | 本朝図鑑綱目 | 南贍部洲大日本国正統図 | 校工 石川流宣 | UBC | RR+ |
| C | 4訂 | 元禄15(1702) 9月以前* | | 大日本正統図鑑 | 大日本国正統図 | 畫師石河流宣 踊鴬軒 | 南波, 歴博・秋岡, 東洋文庫, UBC | RR- |
| | 5訂 | 元禄15(1702)9月以後* | | 本朝図鑑綱目 | 大日本国正統図 | 畫師石河流宣 踊鴬軒 | | |
| D | 6訂 | 宝永5(1708) | 山口屋 | 大日本正統図鑑 | 大日本国正統図 | 畫師石河流宣 | 法政大学国際日本学研究所 | RR+ |
| | 7訂 | 正徳2(1712) | | | | 畫師石川流宣 | 南波, 蘆田 | RR |
| | 8訂 | 正徳3(1713) | | | | 畫師石川流全 | 歴博・秋岡 | RR+ |
| E | 林初版 | 貞享5(1688) | 林氏吉永 | 本朝図鑑綱目 | 本朝図鑑綱目 | なし | 南波 | RR |
| | 林初版2訂 | 元禄2(1689) | | | | | 狩野, 神戸市博, 京都大総合博物館, UBC | RR- |
| F | 林二版 | 宝永7(1710) | | 新板日本国大絵図 | 本朝図鑑綱目 | | 歴博・秋岡, 蘆田 | RR |
| | 林二版2訂 | 上記以降[五月吉日のみ] | | | | | 歴博・秋岡,狩野,京大図, 明古2001・東古2002(同一) | RR- |
| | 林二版3訂 | 延享年間(1744-1748) | | | | | 南波 | 3種合わせるとR |
| | 林二版4訂 | 延享年間(1744-1748) | | | | | 南波 | |
| | 林二版5訂 | 延享年間以降 | | | | | 南波・著者蔵本 | |

*秋岡(1955,p.213)・三好(1989,p.2)によれば秋岡コレクションには赤穂(かりや)の浅野家が永井家に改訂される前と後の2種類があるという。

・所蔵先略称は付録(p.68)参照。秋岡によるとF版のうち延享改正版は京都所司代牧野備後守・大坂城代阿部伊勢守とあるもの，他の名，無名の異版三種があるとされこれを3〜5訂とした。他に神戸・秋岡やシーボルト蔵本もあるが林二版の3〜5訂のいずれかは確認できていない。

最後に問題となるのは流宣-相模屋組と林氏との関係である。新板日本国大絵図の版元は不明で，じつはもともと林氏だったのか，あるいは宝永年間に林氏がその版木を求めたのかは定かではない。相模屋が新板日本国大絵図の使用権の許諾を取ったものかどうかも不明である。さらに相模屋は元禄10年版では内題を本朝図鑑綱目から大日本国正統図に変更し，5年後の版では外題も変更し，さらにその約5年後には版木を手放している。

林氏が相模屋の初版の刊行の翌年，版木も新たに同名の「本朝図鑑綱目」を刊行し，そこになぜ流宣の名を記さなかったか，例えば両者間にトラブルがあったのか，あるいは流宣の知名度が上方では乏しかったので省略されただけなのか，など今後の解明が待たれよう。唯一ありそうなのはF版については林氏は自身の本朝図鑑綱目の版木が20年以上の使用か事故で破損したために，新板日本国大絵図の版木を再利用し，名前が知られていた本朝図鑑綱目の内題は再び使用したということであろう。

## 5．日本海山潮陸図: 流宣日本図の完成作

流宣と相模屋が元禄3(1690)年[15]に版木も新たに新作として刊行した日本図で，一般的には本朝図鑑綱目の改訂版と考えられているが，約81x169cmとほぼ二倍広くなった紙面全体を占めるよう，日本の形状はさらにデフォルメされ，日本は太身となり，四国などは時計回りに90°回転してしまっているが，松前は島から夷狭(蝦夷)に陸続きとなっており，海岸線も全体がリアス式で残されるがやや単純化されている。

江戸の街道口にはすれ違う旅人が描かれ，山並みも増え，海に浮かぶ船は増えて和船や唐船などが描き分けられるなど，この地図は装飾的要素が一層色濃くなっているが，本朝図鑑綱目にはなかった凡例もちゃんと記載されており，さらなるニーズに応える形で実用的要素も情報量も増している。その凡例には，城下町が，城絵(22箇所に増加)で描かれた大城・小さな四角形の小城・丸形の屋敷（構えの簡略な城）に描き分けられている。本朝図鑑綱目と同様，城には城主名と石高が添えられている。

東海道・東山道(中山道[12])・北陸道には宿間の距離が記入され,さらに東海道の53の宿場は黄色か橙色に塗られた小判形で示され,籠の駄賃も記載されている(p.18 図7-2)。都市名については中山道・北陸道の宿場町が描き加えられたため同地では明らかに増加しているが,それ以外では増加は限定的である。例えば武蔵の地名は12から24になっているが,伊予では12から14どまりである。山の名や寺社仏閣などの名所の追加は充実しているのだが,これは主に東日本においてで,畿内では伊勢神宮や高野山,西日本では安芸・宮島の厳島神社に限られ,出雲大社や金毘羅宮は描かれていない[16]。松前は小島から陸続きに変更される。

また,海上交通では各地の湊を結ぶ航路とその距離が記載されている。これに関連し航海に有用な情報として,左下方には昼夜長短や潮汐干満の早見回転盤が付け加えられている[17]。左上の表には長崎から中国・東南アジア・紅毛にいたる諸都市までの航路里程が記載されている。これは本朝図鑑綱目の左下に陰刻で掲載されていたものであるが,長崎からの里程であることを改めて明記している。上部右の表にはおもに江戸や大坂からその近郊への路程や大坂から西日本各地への海里が示されている。下部中央と右の一覧表には五畿七道別に六十余州各国の筆頭の神社名とその国に属するすべての郡名が示されている。

本図は本朝図鑑綱目の改訂増補版と位置付けられることが多いが,新板日本国大絵図からの流れを考えれば,この日本海山潮陸図こそが流宣オリジナルの完成作といっても過言ではないだろう。

版木は横長の3枚が福岡の北と薩摩の北付近で上下に継ぎ合わされている。紙面は版にもよるが刷る前に縦3枚相当を横に4枚継いで貼り合わせ一枚としている。版を重ねるごとに次第に版木の継ぎ目が開いてくるらしく,後版では版面にも横に白いスリットが目立つようになっている。

ところで,「日本海山潮陸図」は外題だがこの地図には内題はない。ただ,左下には「和朝之図形先々多ク今亦道路名所等大概書加エテ開板スル者也」という記載がある。日本海山潮陸図系統の版と改訂の過程については図8-1～6(pp.18-21)と表2(p.10)に示すが,ここでは版元や題箋のタイトルも考慮してA～Eの5種とした(p.21 図8-7)。タイトルは変更され3種類があるので,本稿ではこの一連の日本図を仮に「日本海山潮陸図系統」と呼ぶこととしたが,これはしばしば「流宣大型日本図」と総称される[2]。

前述のように流宣の製作活動期は1715年頃までと考えられるが,相模屋と組んで出版された貞享5(1688)年刊の「万国総界図」や元禄2(1689)年刊の「江戸図鑑綱目」の年代も鑑みれば流宣の意向が明瞭に反映されたのは相模屋版までではないだろうか。実際,流宣存命中にこの地図自体の地誌的な図形の変更はなされなかった。相模屋は元禄10(1697)年にこの図の左端下方の潮汐早見を回転盤から図表に変え,昼夜長短のほうは削除して簡略化し,外題も「日本山海図道大全」として宝永3(1706)年まで再版した。翌年に版木は山口屋権兵衛にわたり,外題は「大日本国大絵図」として享保13(1728)年ごろまで再版された。この版木はさらに平野屋善六に渡り享保15(1730)年に同名で出版された後,出雲寺和泉掾がこれを引き継ぎ,やはり同名で寛保4(1744)年から30年以上にわたって出版され,刊行年無記入の図も存在している。

江戸図においても,宝永2・3年の「宝永江都図鑑」は相模屋,これを引き継ぐ「分道江戸大絵図」も宝永5～享保版が山口屋,享保17年版が平野屋,宝暦版が出雲寺の刊行であり,年代的にもこれらの版の移譲は符合する。

本朝図鑑綱目と同様に相模屋版は,手彩色で海の青,山の緑,都市を橙ないし黄色で塗り,国の色分けには黄・橙・緑[18],時に赤が用いられていて美しい。この国別の色分けは現存する地図同士でかなり差があるので,赤水図と違って決まった法則があったわけではないようだ。山口屋は享保2年頃まではこの相模屋の彩色スタイルに倣っていたが,時代が下ると海の青も国の色分けも無くなり,黄や黄土色のみが用いられるようになり,後の平野屋や出雲寺もこれを踏襲している。

武鑑的要素を除けば,著者の所蔵本6種の比較から,都市名の訂正・追加・削除は90年ほどの間に70か所足らず認められているが,江戸での出版のためかやはり西日本は東日本より少なめである。地図自体の変更はほとんどなく,わずかに出雲寺版において,伊勢の八田を書き加えるために伊賀の南端との国境に修正が加えられいるのみであった(p.21 図8-8)。

武鑑としてのアップデートは,武鑑の刊行に長じた山口屋や出雲寺版では順調であったようで,まだまだ未発見のものがあると思われ,この時期には実際には毎年刊行されていた可能性が高い。さらに実際に改訂

**表2　日本海山潮陸図系統の改版の推移一覧**

| 改訂 | 刊行年 | 所蔵先 | 希少性 | 改訂 | 刊行年 | 所蔵先 | 希少度 |
|---|---|---|---|---|---|---|---|
| A版 | 版元: 相模屋(初版)　　外題: 日本海山潮陸図, または 日本図鑑綱目[19] | | | | | | |
| 初刷 | 元禄3 (1690) | EAL (Ca4, 無彩) | RRR | 2訂 | 元禄4 (1691) | 南波, 歴博・秋岡, 蘆田, 室賀, 京大図(2種), 守屋, GSI, アメリカ議会図書館, EAL (Ca6,日本図鑑綱目), 著者蔵(図8-2)など所蔵多く, 東古・明古にも時々出品あり | S+ |
| 3訂 | 元禄7 (1694) | 南波, 歴博・秋岡, 狩野,筑波大図, EAL (Ca7) | R+ | | | | |
| B版 | 版元: 相模屋(改訂版)　外題: 日本山海図道大全 | | | | | | |
| 4訂 | 元禄10 (1697) | 南波, 天理大図書館, UBC, ワシントン大図書館 | RR- | 5訂 | 元禄14 (1701) | 南波, 歴博・秋岡, 狩野, 東洋文庫, (明古2017) | R+ |
| 6訂 | 元禄16(1703) | 南波, 歴博・秋岡,京大図, 早大図, 北大図書館, UBC, 著者蔵(図8-3)など所蔵多し. (明古2010) | R- | 7訂 | 宝永2(1705) | 南波, 京大図, (明古2008) | RR- |
| 8訂 | 宝永3(1706) | 京大総合博物館 | RR | 9訂 | 宝永4(1707) | 南波* | RR |
| C版 | 版元: 山口屋権兵衛　　外題: 大日本国大絵図 | | | | | | |
| 10訂 | 宝永5(1708) | 南波, (秋岡) | RR | 11訂 | 宝永7(1710) | 歴博・秋岡 | RR |
| 12訂 | 宝永8(1711) | (南波), (明古2010) | RR | 13訂 | 正徳2(1712) | 南波, 歴博・秋岡, 東国博, 上智大キリシタン文庫, (東古2014), 著者 | R |
| 14訂 | 正徳4(1714) | 歴博・秋岡 | RR | 15訂 | 正徳5(1715) | 歴博・秋岡, 早大図 | RR |
| 16訂 | 享保2(1717) | 歴博・秋岡, UBC, (明古2003・2014) | RR- | 17訂 | 享保3(1718) | (名雲書店旧蔵) | RR |
| 18訂 | 享保4(1719) | 著者蔵(図8-4) | RR | 19訂 | 享保5(1720) | 南波, 東洋文庫 | RR |
| 20訂 | 享保6(1721) | 鮎澤, 神戸・秋岡 | RR | 21訂 | 享保8(1723) | 京大図 | RR |
| 22訂 | 享保10(1725) | (東古2008**) | RR | 23訂 | 享保12(1727) | NDL | RR |
| 24訂 | 享保13(1728) | 岐阜県立図書館, 著者, (東古2014) | RR- | | | | |
| D版 | 版元: 平野屋善六　　外題: 大日本国大絵図 | | | | | | |
| 25訂 | 享保15(1730) | 歴博・秋岡, 鮎澤, 蘆田, 京大図(2種),筑波大図書館, 著書蔵(図8-5)など所蔵多し | | | | | S+ |
| E版 | 版元: 出雲寺和泉椽　　外題: 大日本国大絵図 | | | | | | |
| 26訂 | 寛保4(1744) | NDL | RR | 27訂 | 延享2(1745) | 歴博・秋岡 | RR |
| 28訂 | 延享5(1748) | 歴博・秋岡 | RR | 29訂 | 寛延2(1749) | 南波, (東古2000・2006) | RR |
| 30訂 | 宝暦1(1751) | 神戸・秋岡 | RR | 31訂 | 宝暦3(1753) | 南波 | RR |
| 32訂 | 宝暦4(1754) | 神戸・秋岡, 著者蔵 | RR | 33訂 | 宝暦5(1755) | 蘆田・大英図書館(シーボルト旧蔵), (明古2000・2002) | RR |
| 34訂 | 宝暦7(1757) | NDL | RR | 35訂 | 宝暦8(1758) | 南波, (東古2002・2008) | RR |
| 36訂 | 宝暦12(1762) | 南波 | RR | 37訂 | 明和3(1766) | 南波, NDL, 京大図 | RR |
| 38訂 | 明和10(1773) | 神戸・秋岡, (明古2013・2014) | RR | 39訂 | 安永6(1777) | 千秋文庫 | RR |
| 40訂 | 安永7(1778) | 著者蔵(明古2011[出品番号1323]図8-6) | RR | 41訂 | 安永後期(1778-1781) | (東古2016[出品番号1726]) | RR |
| 42訂 | 無年記 | 南波 | RR | | 40訂と比較して地図の記述に変更なし | | |

　秋岡(1955,p.214)や三好(1989 p.2)は, 元禄7年版には題箋に新板大図と角書のあるものがあってこれを異版として2つと数えていたが, 実際には図面は同一であるのでここでは一つの版として扱った. **所蔵先略称は付録(p.68)を参照のこと。**

　東京古書組合主催で年1回開催される東京古典会(表中, **東古**と略)と明治古典会(**明古**と略)の大入札会での出品については, 2000年以降の目録を国会図書館などで確認した. 同一資料の再出品のこともあるので留意されたい。

*宝永4年版は三好(1989), 金田・上杉(2007)とも山口屋版としているが, 秋岡(1955,p.214)の通り, 神戸市博・南波コレクション蔵本は相模屋版である。

**秋岡(1955,p.215)によると今城古書店旧蔵本あり。

があったのかどうかは不確実ながら，宝暦以降は刊記に毎月改と記載がある。

三好(1989, p.7)は，この系統28種につき京都所司代と大坂城代の更新状況を調査して，相模屋の改訂の遅延ないし放置と，山口屋・出雲寺は交代後2年以内の改訂を継続していたことを明らかにしている。上杉(金田・上杉2007, p.49)はこれに宝永3年版を追加しているが，明和10すなわち安永2(1773)年以降の刊記がある版については確認されていなかった。これについては，秋田・佐竹藩由来の品々が所蔵されている千秋文庫(東京)に安永6年版が存在している。今回見いだされた著者蔵の安永7年版は，管見の限りでは世に知られていなかった版である(図8-6)。さらに，この安永七戌戌年の年記3文字を削り「安永　年」という不完全な刊記のあるものが平成28年度東京古典会古典籍展観大入札会1726番として出品されていた。神戸市立博物館の南波73は同部が空白の無刊記で，この地図は安永最後の年の10(1781)年以後も規模を縮小されつつ販売されていたことを推定させるが，この無刊記版の地誌情報はすべて安永7年版と同一であることが今回判明した。このことから安永8-9年版が発見されない限りは安永7年版が恐らく刊記を有する最後の版で，売れ行きからか出雲寺は地図内容の更新を放棄したのであろう。

次章で述べるように，長久保赤水の改正日本輿地路程全図の刊行が翌安永8年(実際は9年発売)であることは興味深い。その出版の後，日本図の主流は赤水図となる。多くの研究者が指摘しているように，時代の変化によって買い手の関心が従来の流宣図よりもより正確な地誌情報を求める様になったものと考えられよう。年号の明記された日本海山潮陸図系統が安永7年版までしか存在しないとすれば，この変化が劇的に起こったことを物語っていると思われる。

## 6. 流宣日本図の影響

流宣日本図のスタイルは江戸中期を通じて日本図の標準となった。一例として，図9-1(p.22)に示す筆彩の日本図屏風は鳥瞰図風ではあるが，実際には正徳4(1714)年頃に日本海山潮陸図系統の情報に基づいて描かれている。この製作年代はその年に世襲あるいは隠居・逝去した藩主の名を追っていくことで推定可能である。この屏風に示されている地名は日本海山潮陸

図系統と同一であり，日光・伊勢・厳島神社や高野山などの寺院は細密に描かれている　(p.22図9-2)。

流宣図の陸路の様々な情報は，携帯用の道中図などによって代用ないし強化され，これにとってかわられていく。

日本海山潮陸図系統の相模屋か山口屋の版が1715年に刊行されたレランド(Adrien Reland)の日本帝国図(p.20図10)の原図であることはよく知られているが，海岸線も含めてあいにくと地形的には不正確な情報が伝えられることになったようだ。

## 7. まとめ

石川流宣の日本地図は流宣日本図と呼ばれるが，先行版の「本朝図鑑綱目」は作者不詳の新板日本国大絵図の焼き直しであり，「日本海山潮陸図」系統(流宣大型日本図)こそ，道中図として主要街道の宿場などを網羅して，領主・石高や里程・駄賃など様々な情報が掲載されたオール・イン・ワンの完成作であった。陸路の路程の詳細さと明快さから旅の友として受け入れられるとともに，浮世絵師として充実した名所や城郭などの挿絵と海の青を基調とした美しい手彩色で好評を博し，彩色を簡略にして大衆向けとなった後も武鑑的性格を残しつつ流宣大型日本図としては40数回もの改訂が繰り返され赤水図の登場まで18世紀の日本地図のベストセラーとして君臨した。

## 注

1 上杉(2015. p.88)によると生没年は1661?-1721以降とされており，三好(1989 p.2)によれば活動期は『原色浮世絵大百科事典』第二巻, p.75(大修館昭和57年)の記述に典拠したとされる。

2 三好(1989, p.1)，金田・上杉(2007 p.48)を参照。

3 拾芥抄(しゅうがいしょう)は公家向けに編纂された類書(百科事典のこと)で鎌倉～南北朝時代に成立した。この中には地図も数点含まれている。

4 行基図は奈良時代の僧侶である行基が作成したと伝承されるが，律令制のもと各国の方位と配置の順を示すのが目的の図であって，地形的正確さは軽視されている。行基図の系統の現存最古のものとしては嘉元3[1305]年に書写された「日本図」が知られており仁和寺に所蔵されている。秋岡(1955)pp.24-27参照。拾芥抄の大日本國図は同pp.46-48参照。

5 南瞻部洲大日本国正統図　70.5x185cm　木版　寛永頃刊　東京大学付属図書館蔵。このタイトルは本朝図鑑綱目の左下にも登場する。南瞻部洲は須弥山の周囲の四島の一つで人間の住む世界のことで仏説による。図版は，海野ほか(1974,no.12: pp.22-23;解説 p.51)を参照。

6 石高の石(こく)とは米の秤量単位。約 280 リットルで 150 キログラム相当だが，大人一人が 1 年間食するに足る量とされる。

7 秋岡(1955,p186-7)によれば，とくに丹緑など彩色豊に仕上げられた図は駕籠絵といって，大名が参勤交代の際に籠の中で見るために作られた豪華版とされる。

8 家光が世界図とともに家康から受け継いだ一双の屏風であると言い伝えられ，家光の時代の貴人が枕元にこのような屏風を立てて世界と日本を眺めていたというのは想像に難くない。この日本図については，海野ほか(1972, 解説 p.54)は「矩形に近い四国，太く短い奥羽など明らかに『幕府撰慶長日本図』の系統を引く」とし，上杉(2015,p.80)は国立国会図書館所蔵の寛永十五年日本図のような「寛永日本図 B 型と類似する地形や地理情報の多い」図としている。この名で呼ばれる同様の地図屏風は下郷共済会文庫(下郷伝平氏旧蔵品)など数点以上あるが一部は後世の模写とされる。

9 小田原城主は貞享 2 年 12 月に稲葉丹後守正往が転出，同 3 年 1 月に大久保加賀守忠朝が転入して 10 万 3 千石となる。秋岡蔵本では，小島の版には稲葉(11 万 5 千石;H-110-8-3)と大久保(10 万 3 千石;H-110-8-4)の版 の両方があり，陸続き版は大久保(9 万 3 千石;H-1108-5)となっている。　EAL 蔵本や思文閣旧蔵本(ABAJ2018 図録)では陸続き・稲葉となっていて，これと著者の小島・稲葉の版との比較では，字体など細部が微妙に異なり版木が異なっていることが判明した。林氏の本朝図鑑綱目 F 版は，宝永 7 年版(H-110-9-9)も延享改正版(著者)も小島の大久保 10 万 3 千石の版木の方を使用している。

10 地図の上部中央には韓唐(雁道のこと，雁が渡っていく北の国で人は住まない地の意)が描かれ，下部中央右に羅利國(鬼女のみが住み，男が足を踏み入れると戻れない国)の表記がある。これらは扶桑国之図(新改日本大絵図)に倣ったものと見られる。

11 徳川幕府は大名に時として国替えなどを命じたので，地図上に殿様の名前が記載されていることは役人，旅人，あるいは民衆にとって有用であった。

12 本朝図鑑綱目の表にある広義の木曽街道は，古来の東山道の一部である中山道と同一である。東山道は江戸時代に中山道・日光街道・奥州街道などに再編されている。日本海山潮陸図系統の表にある東山道は木曾街道ないし，より正確には中山道の意味。

13 この両図の関連性についてはすでに海野ほか(1972, 解説 p.27)が指摘しており，本朝図鑑綱目を新板日本国大絵図の改訂増補版と位置付けている。

14 本稿で記載した版の希少(性尺)度についてはシャーリー(R.W.Shirley)の *Mapping of the World: Early Printed World Maps,* 1472-1700(1984)の 641 頁に記載されているランク表現を下記のように修正した。また，+-についてはユスティケ(G.W.N-Usticke)の Rarity Classification in Rembrandt's Etchings: States and Values,1967 の表記を参考にした。これは 2017 年の時点での筆者の個人的な地図収集歴に基づくものであり，国内外の市場や，おもに日本国内では把握した限りの公的所蔵本と，国外ではシーボルト・コレクション，web 上に公開されているブリティッシュコロンビア大学図書館ビーンズ・コレクション，カリフォルニア大学バークレー校東亜図書館，アメリカ議会図書館所蔵本などを参考にした。S〜C については，資料の状態や相場を超える高額で売れ残っている場合も考慮して，主に新出のものを加算の対象にした。

RRR　極めて稀 -公共機関の所蔵は 2,3 点未満で，市場に出ることはほとんどない

RR　非常に稀　-公共機関に 5 点くらいは所蔵され，5-10 年に 1 点くらいは市場に出る

R　稀　　　　-数年に 1 点くらいは市場に出る

S　僅少　　　-毎年 1 点くらいは市場に出る

U　少ない　　-常に 1 点くらいは販売されている

C　普通　　　-常に複数が販売されている

+　中では少なめ

−　中では多め

15 最近まで元禄 3(1690)年版は知られておらず，元禄 4 年版が初版と考えられていた。元禄 3 年版はカリフォルニア大学バークリー校東亜図書館の「聴氷閣文庫」に所蔵されていて，この来歴は三井家本家筋 6 家の一つ新町家の 9 代三井高堅（1867-1945)の個人コレクションで，第 2 次大戦後その一部が東京の(旧)三井文庫から譲渡されたものである。聴氷閣(ていひょうかく)は高堅のこと。地図の題名は石川流宣による日本大絵

図であり，海野(1987, p.133)は『宗堅所集地図目録』（宗堅は高堅の号　筆者注）を一覧したところでは，屛風3双，絵巻5軸を除いて稀覯本とおぼしき作品は見当らず，和製地図コレクションとしては必ずしも良質とは言えない」としているが，目録のみでは判じられなかったものとみられる。

16　畿内を超えた西国の情報は流宣が地図を製作した江戸にまでは十分にもたらされなかったか，あるいは江戸ではかの地への関心が低かったためであろう。あるいは元禄初期には必ずしも金毘羅参りなどは盛んではなかったのかもしれない。

17　上の回転盤は昼夜長短の図で，日付を合わせるとスリットの中の白い部分が昼の，黒い部分が夜の長さを示す。下の回転盤は潮汐早見の図で，日付を合わせると回転盤の穴に月齢が表示され，外周の日付と回転盤の時刻を合わせると潮時が分かるらしい。これらの回転盤は少なからず別刷の付属品として購入者が取り付けるためのセットとして販売された可能性があり，回転盤もそれを取り付けたと思われる穴もない地図が多数現存する。

18　江戸時代前期の丹緑本に用いられた丹・緑・黄・褐色といった色彩に海の青が加わるものが典型的である

19　元禄4年の刊記のある名雲書店旧蔵本やEALのCa6_bの手書き題箋には「日本図鑑綱目」とある。元禄7 [1694] Ca7_a　にも比較的新しい改装で日本山海圖道大全とともに「日本圖鑑綱目」の手書き題箋がつけられている。本朝図鑑綱目や江戸図鑑綱目からの流れであり得そうな題名である。

**主要文献**

青山宏夫 2006. (歴史の証人:写真による収蔵品紹介)流宣日本図の地理情報,「歴博」134,pp.2-5

秋岡武次郎 1955.『日本地図史』ミュージアム図書，1997 復刊(頁数は復刊本による)

上杉和央 2015.『地図から読む江戸時代』筑摩書房 pp.88,106-120, 126-135

海野一隆・織田武雄・室賀信夫 1972.『日本古地図大成』講談社　（解説篇付）

海野一隆 1987. 北米における江戸時代地図の収集状況，人文地理 39(2)16-41

金田章裕・上杉和央 2007.『地図出版の四百年』ナカニシヤ出版　p.48

神戸市立博物館編 1983.『南波松太郎氏収集　古地図の世界』神戸市健康教育公社(展覧会図録)

神戸市立博物館編 1989.『秋岡古地図コレクション名品展』』神戸市スポーツ教育公社(展覧会図録)

三好唯義 1989. いわゆる流宣日本図について，地図 27(3)1-9

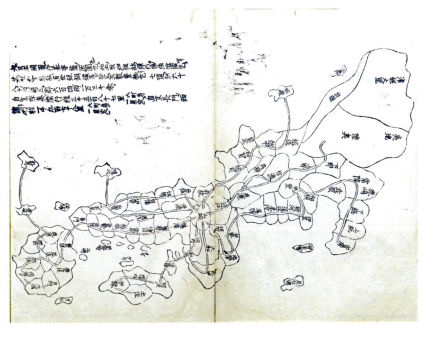

図1　大日本國圖　「拾芥抄」巻4の60丁に収載　書肆・刊年不明　本のサイズは28.2x18.5cm 著書蔵本

　この日本図は京都のある山城国に通ずる道筋を示しており，都の近傍は紀伊半島も含めてやや大きめのプロポーションで描かれている。解説文には「大日本国図行基菩薩所図也」とある。

Figure 1. 'DainihonKoku Zu' [Great Map of Japan] on leaf 60 of "*Shugaishō*", vol. 4. No publisher data. 28.2x18.5cm (book size). Private collection.

　This map, recorded as being "made by holy priest Gyōki", indicates routes to Kyoto in Yamashio province. Provinces near Kyoto are depicted larger than their actual sizes.

図版は断りがない限りすべて木版・筆彩，サイズは版面の縦 x 横(cm)で表示する。
Unless otherwise noted, all illustrations are woodcuts and contemporary hand-coloured, and their size covers the printed area (vertical x horizontal [cm]).

図 2 扶桑国之図(外題:新改日本大絵図) 寛文 2(1662)年 伏見屋版 60x88cm 国立国会図書館蔵

Figure 2. 'Fusōkoku no Zu' (Title on the label: Shinkai Nihon Ōezu). Kan'bun 2 (1662), Fushimiya, 60x88 cm. NDL.

図 3 新撰大日本図鑑 延宝 6(1678)年 書肆不明 67.5 x 94 cm 神戸市立博物館蔵
(本来南が上だが，北を上として提示)

Figure 3. 'Shinsen Dainihon Zukan' Enpō 6 (1678), publisher unknown. 67.5 x 94 cm. Kobe City Museum. Shown upside down from the original, with north at the top.

図 4 家光枕屏風日本図の一例　江戸時代　手書・筆彩　屏風116x289cm　現所蔵先不明

Figure 4. An example of 'Iemitsu's Makura Byōbu Nihon Zu' 116x289 cm (screen), manuscript, hand-coloured. Edo period, present whereabouts unknown.　Contemporary hand-coloured, and the size is total of the print area.

図 5-1　新板日本国大絵図　無刊記(貞享3年頃)　68x164cm　著者蔵本
右上端の松前は小島で小田原城主は稲葉丹後。右下端に欠損があるが，「□此角ハ城也」に「○此丸ハ宿也」，五畿内五箇國・・・・が続く。

Figure 5-1. 'Shinpan Nihonkoku Ōezu', c.1686, publisher unknown. 68x164 cm, Private collection. Matsumae is depicted as an island in the upper right corner.

図 6-1　本朝図鑑綱目　貞享4(1687)年　相模屋太兵衛　初版（A版）60x130cm　著者蔵本

Figure 6-1. 'Honchō Zukan Kōmoku', 1687, first ed. by Sagamiya (ver.A). 60x130 cm. Private collection.

図 6-3　本朝図鑑綱目　延享改正版(F版)　林氏吉永　67.5x164cm　著者蔵本　手彩色で黄・緑(褐色に褪色)・朱が入っている。

Figure 6-3. 'Honchō Zukan Kōmoku', Enkyo period (1744-48) or later, second ed. by Hayashi Kichiei (ver.F). 70x165 cm. Private collection

図 5-2 新板日本国大絵図の異版 松前が島と半島とでは版が異なる

上：①EAL 蔵本 70x165cm，松前は半島で小田原城主は稲葉丹後。

右：②相模国の部分拡大 左は 5-1，右は①の部分拡大。小田原の城主は共に稲葉丹後だが細部の字体が異なり版木が異なっている。

Figure 5-2. Variation of 'Shinpan Nihonkoku Ōezu'

①Left: Another version, 70x165cm, EAL*. Matsumae is shown bordering on Iteki.

②Right: Detail of the Sagami province area, in Fig.5-1 on the left and in Fig.5-2① on the right.

Inaba Tango is recorded in both maps as the feudal lord of Odawara Castle. Details of the two maps are different from each other.

*Courtesy of the C. V. Starr East Asian Library, University of California, Berkeley.

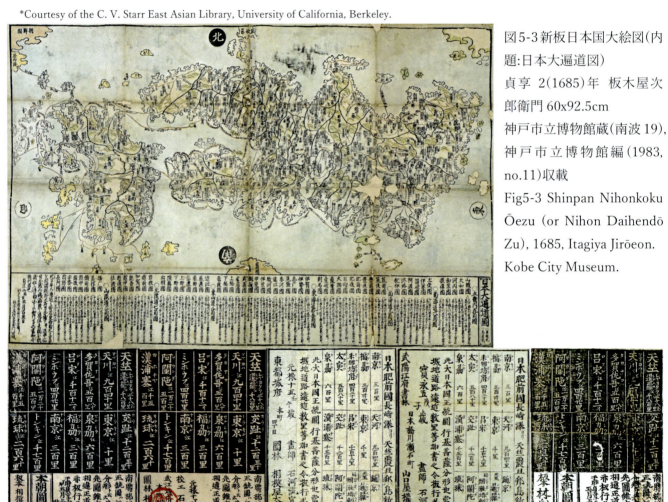

図5-3新板日本国大絵図(内題:日本大遍道図)

貞享 2(1685)年 板木屋次郎衛門 60x92.5cm

神戸市立博物館蔵(南波19)，神戸市立博物館編(1983, no.11)収載

Fig5-3 Shinpan Nihonkoku Ōezu (or Nihon Daihendō Zu), 1685, Itagiya Jirōeon. Kobe City Museum.

図 6-2　本朝図鑑綱目の刊記などの変遷

左から右に A(貞享4)，B(元禄10 UBC)，C(元禄15)，D(宝永5 法政大学国際日本学研究所所蔵)，E(貞享5)版　A・C・E版は神戸市博蔵

Figure 6-2. Change of the colophon woodblocks of the HZK family at bottom left corner.　　From left to right, A*(1687), B (1697; UBC**), C* (1702), D (1708; the Hosei University Research Center for International Japanese Studies) and E* (1689).　　*Kobe City Mus.　　**Copyright 2015, Rare Books and Special Collections at the University of British Columbia Library.

図 7-1　関東の拡大図にみる流宣図等の変遷
上・新板日本国大絵図　貞享 3 年頃
中上・本朝図鑑綱目　貞享 4 年 A 版
中下・本朝図鑑綱目　元禄 2 年 E 版
下・日本海山潮陸図　元禄 4 年版
E 版は UBC 蔵本，その他は著者蔵本

　本朝図鑑綱目は地誌情報が新板日本国大絵図とほとんど同一。

　相模屋の A 版と林氏の E 版は図全体が同一だが，字形の細部などが異なり版木が異なっている。

　日本海山潮陸図では，東海道の宿場が黄色の小判形で明示され，中山道の宿場の方は新たに朱の小さい円で描かれるようになり，情報量が増えている。

Figure 7-1. Comparison of the representation of the Kanto area (around Edo) in the Ryūsen's maps of Japan.
Top: SNO (c.1686; private collection)
Second: HZK ver.A (1687; priv. coll.)
Third: HZK ver.E (1689; copyright 2015, Rare Books and Special Collections at the University of British Columbia Library.)
Bottom: NKC second state (1691; priv. coll.)
Note that the geographical representation of the Kanto area in the SNO and HZK maps is almost the same.

The representation of Kanto in Sagamiya's HZK (ver.A) and Hayashi's HZK (ver.E) is the same, but the details (e.g. the parts of Chinese characters) are somewhat different.

　In the NKC, the Tōkaidō stations are represented by yellow ovals and all stations of the Nakasendō are newly depicted as small orange circles.

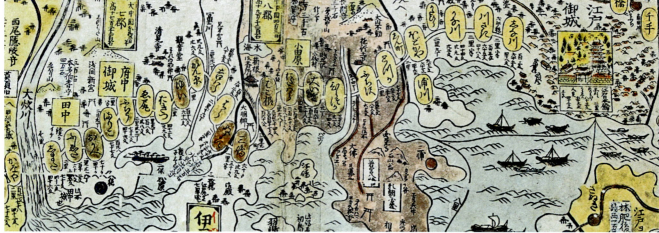

図 7-2　本朝図鑑綱目と日本海山潮陸図の情報量の比較　東海道〜江戸から大井川まで〜

上・貞享 4 年版「本朝図鑑綱目」　下・元禄 16 年版「日本山海図道大全」　　ともに著者蔵本

Figure 7-2. Comparison of the information of the HZK map and the NKC map. Eastern part of the Tōkaidō, from Edo to the Ōi River. Top: HZK (1687). Bottom: NKC (1703).　Private collection.

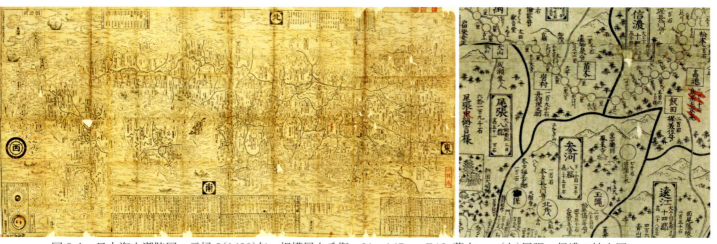

図 8-1　日本海山潮陸図　元禄 3(1690)年　相模屋太兵衛　81 x 167 cm EAL 蔵本　　（右）尾張〜信濃の拡大図

この版には①彫残しの■の部分が 11 か所ほど認められ、②尾張と紀伊が中納言様となっているが翌年版は大納言様に修正される（尾張の徳川光友と紀伊の徳川光貞は元禄 3 年 5 月に転任）。また水戸と甲府が宰相様となっているが翌年それぞれ中将様と中納言様に修正される。（甲府の徳川綱豊［後の家宣］も元禄 3 年 12 月に権中納言に転任，水戸の徳川光圀は右近衛権中将であった。ただし元禄 3 年 10 月権中納言に転任しているのでこれは情報が遅れている）③南信濃の高遠に「鳥居右京亮　二万三千石」が残るが，元禄 4 年版では NDL 蔵本では削除され著者蔵本では「内藤丹後守」と手書きされている。鳥居家は元禄 2 年 7 月改易になり高遠は天領になったが元禄 4 年 2 月内藤清長（丹後守→駿河の守）が移封した。④二条御城の下に京都の東西の町奉行が記載されるが，西町に井上志摩とあるが，翌年後者は小出アハヂと修正される。小出淡路守守里は元禄 3 年から出仕している。**以上の不備とほかに伝存不明であることから試し刷りに近いものかもしれない。**

Figure 8-1. 'Nihon Kaisan Chōriku Zu', 1691, first state by Sagamiya (ver. A). 81x167 cm. (right)Area of Owari and Shinano
There are some unfinished cuts and some mistakes and errors in this map, especially in the official ranks of the three branches of the Tokugawa house. For this reason, and considering that no other copies of this map have been found, this 1691 version may have been a trial issue.

Courtesy of the C. V. Starr East Asian Library, University of California, Berkeley.

図 8-2　日本海山潮陸図　元禄 4(1691)年(A 版)　相模屋太兵衛　81x169cm　著者蔵本
　日本海山潮陸図の初期でも海は青いが，国は必ずしも色分けされていたわけではなく，国名を黄，宿場を黄か朱，山を緑に描くにとどめている図も少なくない。本図には回転盤もなく，それを取り付けるための穴の位置が墨刷されているままである。
Figure 8-2. 'Nihon Kaisan Chōriku Zu', 1691, second state by Sagamiya (ver.A). 81 x 168 cm. Private collection.

図 8-3　日本山海図道大全　元禄 16(1703)年(B 版)　相模屋太兵衛　版82x170 / 紙 100x171cm　著者蔵本
　日本海山潮陸図の改訂版で，城主名の変更は勿論，上総の 3 市の追加，下総の大龍の削除のほか，西国でも播磨の三ケ月，丹波の氷上などに屋敷町が加筆されている。手彩色で海は青く塗られ，国の色分けは黄・赤・緑・灰・朱(酸化して一部黒変)と多彩で美しい。本図では大名や石高は手書きの付箋で一部修正されている。
Figure 8-3. 'Nihon Sankai Zudō Taizen', 1703, sixth state by Sagamiya (ver.B). 82 x 170 cm. Private collection.

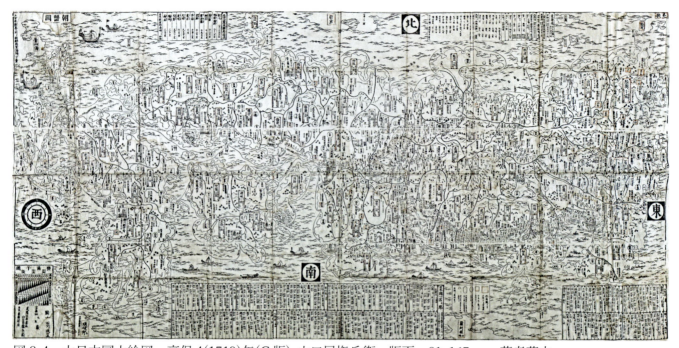

図 8-4　大日本国大絵図　享保 4(1719)年(C版)　山口屋権兵衛　版面　81x167cm　著者蔵本
Figure 8-4. 'Dainihonkoku Ōezu', 1719, 18th state, by Yamaguchiya (ver.C).　81x167cm. Private collection.

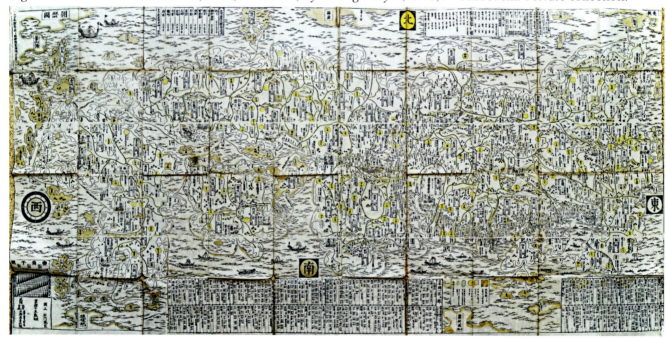

図 8-5　大日本国大絵図　享保 15(1730)年(D版)　平野屋善六　版 82x170 / 紙 103x171cm　著者蔵本
Figure 8-5. 'Dainihonkoku Ōezu', 1730, 25th state, by Hiranoya (ver.D). 82 x 170 cm. Private collection.

図 10　日本帝国図　A.レランド　1715 年　銅版・筆彩　53.5x63.5cm　神戸市立博物館蔵

図中では収まりの良いように四国，九州や伊豆諸島が北にずらされている

Figure 10. Map of Japan Empire [Imperium Japonicum] by Adrien Reland, 1715. copperplate engraving, 53.5x63.5cm, hand-coloured. Kobe City Museum.

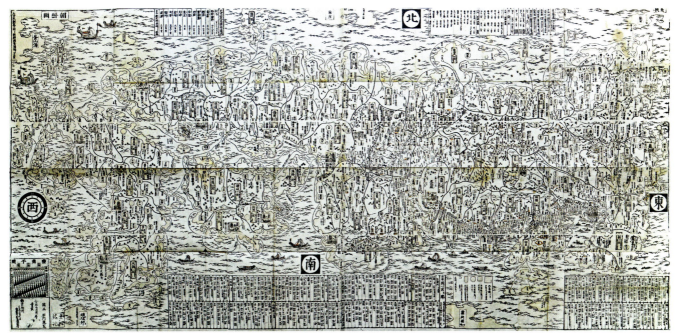

図 8-6　大日本国大絵図　安永 7(1778)年(E 版)　出雲寺和泉橡　版面 81x171cm　著者蔵本

Figure 8-6. 'Dainihonkoku Ōezu', 1778, 40th state, by Izumoji (ver.E). 82 x 170 cm. Private collection.

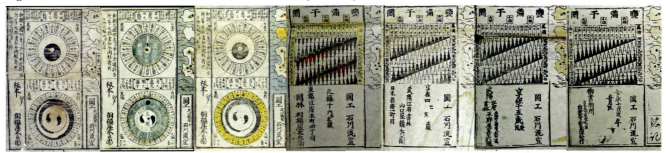

図 8-7　流宣大型日本図の刊記部分　左から相模屋の元禄 3 年版(EAL)，元禄 4 年版 2 種(左:回転盤付[下図に拡大　国立国会図書館蔵] 右:無し)，元禄 16 年版，山口屋の享保 4 年版，平野屋の享保 15 年版，出雲寺の安永 7 年版　右の 5 点は著者蔵本　版の傷みの変化から，鹽(しお)満干図の表は相模屋から出雲寺に至るまで同一であることがわかる。最後の安永 7 年版をみると，表の下段は埋め木して彫り直されているようだ。

Figure 8-7. Change of the colophon woodblock of the NKC family. From left to right, A* (1690), A **(1691 with and without volvelle), B (1703), C (1719), D (1730) and E (1778).

*Courtesy of the C. V. Starr East Asian Library, University of California, Berkeley.　**copyright NDL. The others: private collection.

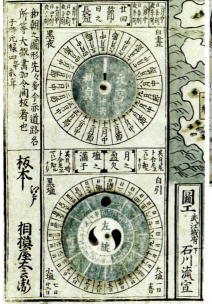

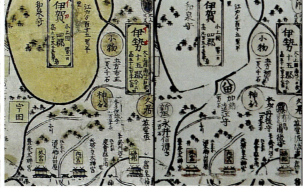

図 8-8　伊賀と伊勢の国境線の修正

左は元禄 16 年版，右は出雲寺の安永 7 年版。伊勢の八田を書き加えるため伊賀の南端との国境が北に移され，これは出雲寺の初版の寛保 4 年版から。同時に伊勢の久居の西に西條一万石・有馬備後守の追加もある。

Figure 8-8. Correction of the borderline between Ise and Iga provinces.
Left: ver.B (1703) Right: ver.E (1778). Private collection.
The borderline was changed in order to add the town of Hatta('八田') in Ise.

図の左端に見える大和の宇田が新庄に変わるのも出雲寺版からである。

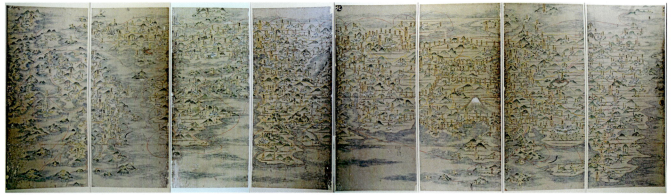

図 9-1　日本図屏風　正徳 4(1714)年頃　手書・筆彩　屏風・八曲一隻　171.5x502 cm(図 1 枚 60x135cm) 著者蔵本
Figure 9-1. Large manuscript map of Japan on a byōbu screen, c.1714. Eight panels, 60x135 cm each. Private collection.

図 9-2　日本図屏風の関東地方の部分拡大　江戸の城下町, 富士山, 日光東照宮などが細密に描かれている。
Figure 9-2. Detail of the Kanto district of the map of Japan on the byōbu screen map of Japan. Edo Castle and its city and famous places, like Mount Fuji and Nikko shrine, are very well drawn.

# Ryūsen's Maps of Japan: Bestsellers of the Mid-Edo Period

## 1. Introduction

'Ishikawa Tomonobu' or 'Ishikawa Ryūsen' ('石川流宣') was an *ukiyo-e* artist. The dates of his birth and death are unknown, but he was active from 1686 (Jōkyō 3) until the Shōtoku period (1711-16)[1]. His real name was 'Ishikawa Izaemon Toshiyuki' ('石川伊左衛門俊之'), but he used numerous Chinese characters to write his family name, 'Ishikawa' ('石川' and '石河'), and his given name, 'Ryūsen' ('流宣', '流全', '流仙' and '流舟'). He also used the pen name 'Yououken' ('踊鴬軒'). He is believed to have had no background in geometry or cartography, and he worked mainly as an illustrator for Edo period literature.

So-called Ryūsen's maps of Japan were created by Ryūsen Ishikawa and published in the Tokugawa era (also known as the Edo period)[2]. These maps became standard models for woodblock-printed maps of Japan and were issued more than 50 times over a 90 year period covering most of the eighteenth century. They were bestsellers for a century in the mid-Edo period, but the history of their publication is a little more complicated than one would expect.

## 2. Maps of Japan before Ryūsen's

The oldest known map of Japan printed domestically is the *Dainihonkoku Zu* (Fig.1), illustrated in the encyclopedia *Shūgaishō*[3], first printed in the Keichō period (1596-1615). Maps of Japan made in the same style are known as 'Gyōki's maps' [*Gyōki Zu*] or 'Gyōki-style maps (of Japan)'[4].

Most large maps of Japan in the seventeenth century were painted by hand on *byōbu* (folding screens), with north at the top. The oldest known printed map of Japan on a loose sheet is the *Nansenbushū Dainihonkoku Shōtō Zu*[5], a 71x186 cm Gyōki-style map with south at the top. It was presumably made in the Kan'ei period (1624-1645). In the middle of the same century, some maps of Japan were published in a vertical style (typically about 1m long) as scrolls with east at the top.

In the latter half of the seventeenth century, two relatively well-known maps of Japan were published. The former, *Fusōkoku no Zu* (Fig.2), was issued in the Kanbun period (1662-66) in Kyoto. *Fusōkoku no Zu*, the title printed on the map, means 'a map of Japan', and the title on the map's label reads *Shinkai Nihon Ōezu*, meaning 'a newly revised large map of Japan'. This map, with north at the top, was only slightly smaller than the vertical maps. The shape of Japan in this map rather resembles that in *Iemitsu's Makura Byōbu Nihon Zu* (discussed later). The western part of Japan in *Fusōkoku no Zu* was shortened horizontally and the seven main routes depicted in the map were as simple as those in the *Gyōki Zu*. Nevertheless, the names of the main castle cities and the number of provinces' districts were printed in the right places throughout in the map. A table of the rice-based incomes[6] of the provinces was added at the bottom of the map, and some imaginary islands were also depicted in the map. Some of the *Fusōkoku no Zu* maps were hand-coloured to divide the provinces beautifully[7].

More than a decade later, the latter well-known map of Japan, *Shinsen Dainihon Zukan* (Fig.3), was published in the En'pō period (1678-80), most probably in Osaka. Like in the *Nansenbushū Dainihonkoku Shōtō Zu*, south is depicted at the top of this map. The *Shinsen Dainihon Zukan* map was highly practical and seems to have been the first map of Japan to include considerable information, in a 'who's who' of feudal lords. The names of the local feudal lords and their rice-based incomes were recorded within all provinces in the map, which was a groundbreaking addition at the time, and no imaginary islands were depicted. Sea routes were included but unfortunately land routes were not well recorded, except for the Tōkaidō, due to space limitations.

## 3. The *Shinpan Nihonkoku Ōezu* (the SNO Map) – a Prototype of the HZK Map by an Unknown Creator

The *Shinpan Nihonkoku Ōezu* (SNO) map is not dated and its publisher is unknown. It was based on the so-called *Iemitsu's Makura Byōbu Nihon Zu*[8] (Fig.4), an earlier map of Japan painted on a bedside *byōbu* screen, and adopts the good points of both the *Fusōkoku no Zu* and the *Shinsen Dainihon Zukan*.

This manuscript map on *byōbu* seems to have been painted in the Kanbun period (1660s) and is considered by scholars as a variant of the Keichō type or Kan'ei B type map of Japan. The shape of Japan in this particular map is deformed, especially in the shortened northeast end of Honshū and oddly stretched form of Kyushū, its southern part shifting to the northeast but northern part remaining west. These deformities are mainly to make the map fit the narrow horizontal map format. For decoration, Japan has been completely lined with *ria* (the "frilled" stylization [Yonemoto, 2003.p.29] of) coastlines, and waves and ships have been painted on the sea.

The shape of Japan in the SNO map (Fig.5-1) is very similar to that in *Iemitsu's Makura Byōbu*, and the coastlines are also similar. The minor differences include some changes to the Noto and Bōsō peninsulas and in the skewed western part of Japan, its left side slanting downwards. Some additions to the SNO map not in the *byōbu* map include the Korean peninsula in the northwest, Iteki as a peninsula in the northeast, and the legendary country *Rasetsu-koku* at the bottom centre.

Land and sea routes are the same as in the *byōbu* map. It is significant that some of the minor land routes (as opposed to the seven main routes) started to be introduced in this map. Cartographic information in the SNO map, like castle cities and stations, the distances of neighbouring stations and ports, is based on the *byōbu* map. However, the notation of the feudal lords' names and feudal clans' rice-based incomes are inspired by the *Shinsen Dainihon Zukan*. In the SNO map, such information was printed fully alongside the correct corresponding cities.

As Akioka (1955) points out, there are three versions of the SNO map, in which Matsumae ('松前') is illustrated in varying forms (as either a small island or as an area which borders on Iteki). The published dates of these maps, between 1685 and 1686, were determined by using the 'who's who' of the feudal lords printed in them. However, there are actually four versions of the SNO map (Fig.5-2)[9].

Considering that Kyoto-based publisher Hayashi Kichiei later acquired and used the SNO woodblock, one would think that the SNO map was probably first published in Kyoto. However, the individual amounts of rice shown in the map's tables, arranged by province, are somewhat different to those in the *Fusōkoku no Zu*, published by Fushimiya in 1662 and by Nakabayashi Kichibei in 1666 in Kyoto. Nevertheless, the amounts are the same as in another similar but smaller map also titled *Shinpan Nihonkoku Ōezu* (or *Nihon Daihendō Zu*, as printed in the map, Fig.5-3), published in 1685 and 1686 by Itagiya Jirōeon in Edo (currently held in the collections of Akioka, Namba and Mitsui Bunko). The relationship between the SNO map and these other maps is unknown, but in Itagiya's map the shape of Honshu is bolder than in the SNO map and may have been made by horizontally compressing the SNO map, which might indicate that Itagiya's map was printed later.

A copy of the SNO map is currently stored in the Von Siebold collection of Leiden University Library.

## 4. *Honchō Zukan Kōmoku* (the HZK map) - Ryuen's First Trial Map of Japan

*Honchō Zukan Kōmoku* means 'The Outline Map of Our Realm (Japan)'. This large map of Japan, first published in 1687 (Jōkyō 4) by 'Sagamiya Tahei', was the first map with the name 'Ishikawa Ryūsen' included in the print itself. The outline of Japan and the frilled coastlines in Sagamiya's HZK map look similar to those in the SNO map. In the HZK, Japan is shortened by around 90% in the east-west direction compared with the SNO, and includes only minor changes to the northern end of Honshū. Considering such similarities, the HZK map must have been based on the SNO map. Geographically, the HZK map is fairly inaccurate for its time (Fig. 6-1).

Imaginary countries from legends are also depicted at the extremities of the map[10], and waves, a ship in the sea, and views of the city typical of *ukiyo-e*, are included as stylistic additions. The fourteen metropolises are richly illustrated, each with an image of its own cityscape with castle (for example, see Fig. 7-1). These cities were ruled by the three branches of the Tokugawa house or by feudal lords who had a rice-based income greater than 350,000 koku.

Most versions of this map except for version F were beautifully hand-coloured based on the imagination of the *ukiyo-e* artist. The sea was fully coloured in light blue, an addition seldom seen in earlier published maps of Japan. Green mountains were painted with verdigris, routes and towns with cinnabar. Sometimes feudal lands were divided by colour. Some of these hand-coloured maps (*kago-e*) appear to have been made as valuable gifts. The beautiful hand-colouring was another reason that Ryūsen's maps became bestsellers.

Despite inaccuracies, the HZK map is visually very well illustrated and decorative as mentioned. It was also still very practical at the time, as many features were included to cater to users' needs. For example, acting as a travel or route map, the HZK includes postal station towns from Edo to Kyoto along the Tōkaidō as well as famous places. Acting as a kind of 'who's who' [11], the map also notes the names of feudal lords and their fiefs' rice cultivation-based incomes alongside principle cities. Two tables in the upper margin show each of the 68 provinces' incomes based on rice cultivation, classified with the *Goki-shichidō* ('五畿七道' the 'Five Provinces and Seven Circuits [main routes]', namely the *Gokinai*' 五畿内' [five countries around Kyoto] and the *Shichikaidō*' 七街道' [seven main routes in Japan in the Edo period, that is, San'yōdō '山陽道', Saikaidō '西海道', Tōkaidō '東海道', Tōsandō '東山道', Hokurikudō '北陸道', San'indō '山陰道', Nankaido '南海道']). A table in the bottom right shows postal stations and the distances to neighbouring stations on routes like the Tōkaidō and Kisokaidō[12], etc..

Despite the inclusion of this useful data, the HZK map was, and remains to this day, somewhat difficult to understand visually and practically. For example, no legend was included and thus some yashiki palaces '屋敷' cannot be distinguished from towns because small circles were used to represent both of them. In actual fact, smaller circles were used to represent towns and slightly bigger (but still fairly small) circles denoted yashiki palaces. This seems to be due to the fact that the HZK map was published after the SNO map and many modifications were still incomplete at the time of publication.

As noted earlier, alterations from the SNO map evident in the HZK map include the shape of peripheral landmasses like the Korean peninsula ('朝鮮國'), the imaginary land Rasetsu-koku ('羅利國'), the Okinawan islands (Ryūkyū, '琉球'), and the addition of the lands Kantō ('韓唐') and Ezojima ('蝦夷嶋') (Fig.7-1). Matsumae still appears as an island in the map. In the HZK, Ryūsen removed the text in the map included in the original SNO about the distance between cities, and instead added a table of postal stations and distances to neighbouring stations on the Tōkaidō, Kisokaidō (Tōzandō), and other routes. Nevertheless, the rest of the HZK map is practically almost exactly the same as the SNO map. The number of place names increased slightly in some provinces (for example, from 9 to 12 in Musashi province) but remained unchanged in others (12 names in Iyo).

Based on the information above, Sagamiya's HZK map seems to be merely a revised, more decorative version of the SNO map[13]. Alternatively, Ryūsen and Sagamiya may have copied the SNO. In fact, in the bottom left colophon of the HZK map, Ryūsen writes '*Nansenbushū DaiNihonkoku Shōtō Zu* is said to have been made by priest Gyōki and many maps have been made after it, but there are mistakes in such maps. We now publish this correct version. Early May of Jokyo 4: REVISED by Ishikawa Ryūsen.' Ryūsen and Sagamiya must have targeted travelers as buyers and certainly would have consulted the well- illustrated and informed SNO map as a reference for their HZK map, especially regarding the land routes. That the SNO map existed in 1685 and Sagamiya's HZK map was published in 1687 thus makes sense.

Because information about fiefdoms was more important to people in the seventeenth century than information about provinces, the HZK map was revised every several years. In 1697, the title *Honchō Zukan*

*Kōmoku* (which appeared in the colophon) was carved out and in 1702 the title on the map label was changed to *DaiNihon Shōtō Zukan*. The colophon and an intaglio table originally included at the bottom left corner of the HZK map were also replaced this time (Fig.6-2). The woodblock as a whole was later sold to Yamaguchiya and he succeeded in publishing the revised map between 1708 and 1713, when the publication of Ryūsen's map seems to have been integrated into the more decorative and informative 'NKC (*Nihon Kaisan Chōriku Zu*)' family of maps (discussed later in this article).

The HZK map can be classified into six versions (A to F) by its colophons (i.e. publisher data) and map label titles. Three woodblocks were used to print A through D, E, and F, respectively. The editions and revisions of these versions are listed in Table1.

Versions A to D are considered 'Ryūsen's maps of Japan', but versions E and F, both of which lack

Ryūsen's name, were published by 'Hayashi Kichiei'. This means that, strictly speaking, E and F are not considered 'Ryūsen's maps of Japan'. Hayashi was a book publisher in Kyoto famous for publishing maps of Kyoto, Edo, and so on. Hayashi's version E, published in 1688 (Jōkyō 5), appears the same as Sagamiya's edition except for the lack of Ryūsen's name. The woodblocks used to print Hayashi`s and Sagamiya`s editions, however, are different as a whole. The hand-colouring of Hayashi's maps, particularly in earlier copies, is very beautiful.

The fact that Ryūsen's HZK map was published in Edo (current-day Tokyo) cannot be stressed enough. After the Genroku period (around the 1690s), the map publishing centre of Japan shifted from Kyoto to Edo. Two years later, Ryūsen and Sagamiya even published *Edo Zukan Kōmoku* ('An Outline map of Edo'), which also became very popular.

**Table 1 Editions and Revisions of the HZK Map**

| Version | Revision | Date | Publisher | Cover Title | Map Title | Author's Name | Collections | Rarity[14] |
|---|---|---|---|---|---|---|---|---|
| A | first | Jōkyō4 (1687) | Sagamiya | Honchō Zukan Kōmoku | Honchō Zukan Kōmoku | 石川氏　流舟 | UBC, BL, NDL, Namba(K), Akioka(S), Kanō, auther's, etc. | R+ |
| | second | Genroku2 (1689) | | | | | Akioka(S) | RR+ |
| B | third | Genroku10 (1697) | | Honchō Zukan Kōmoku | Nansen-bushū DaiNihonkoku ShōtōZu | 校工 石川流宣 | UBC | RR |
| C | fourth | Genroku15(1702) | | DaiNihonShōtōZuKan | DaiNihonShōtōZu | 畫師石河流宣 踊鶯軒 | UBC, Namba(K),Akioka(S),Toyo Bunko | RR- |
| D | fifth | Hōei5(1708) | Yamaguchiya | DaiNihonShōtōZuKan | DaiNihonShōtōZu | 畫師石河流宣 | Hōsei Univ. | RR |
| | sixth | Shōtoku2(1712) | | | | 畫師石川流宣 | Namba(K),Ashida | RR |
| | seventh | Shōtoku3(1713) | | | | 畫師石川流全 | Akioka(S) | RR |
| E | Hayashi's first | Jōkyō5(1688) | Hayashi | Honchō Zukan Kōmoku | Honchō Zukan Kōmoku | (none) | Namba(K) | RR |
| | 2nd of Hayashi's 1st | Genroku2(1689) | | | | | UBC, Kanō, Kyoto Univ. | RR- |
| F | 1st of Hayashi's 2nd | Hōei7(1710) | | Shinpan Nihonkoku Ōezu | Honchō Zukan Kōmoku | | Akioka(S), Ashida | RR |
| | 2nd of Hayashi's 2nd | later than above | | | | | Akioka(S), Kanō, Kyoto Univ. | RR- |
| | 3rd of Hayashi's 2nd | Enkyō period(1744-1748) | | | | | | |
| | 4th of Hayashi's 2nd | Enkyō period(1744-1748) | | | | | Namba(K)(three), akioka(K), auther's and von Siebold's | S+ |
| | 5th of Hayashi's 2nd | later than above | | | | | | |

The size of Hayashi's version F map is 70x165cm, which differs from that of versions A to E (58x130cm). Hayashi's second edition F map (published after 1710)

is a different map from versions A to E. The title in the version F map is *Honchō Zukan Kōmoku*, but the title on its label is *Shinpan Nihonkoku Ōezu*. Surprisingly, the main woodblock used to print this map was recycled from the SNO map. The version F map published in the Enkyō period (1744-48) in my collection was printed using the SNO map woodblock in which Matsumae is depicted as an island. The detail of Japan itself in the F version map is completely the same as in the SNO map. Only the lands Kantō and Ezojima, a ship coming from Korea, and the directions north '北' and south '南' were added. Of course, some addition and revision of cartographic information (like the names of cities) was executed, making some parts of the HZK map different to those in the SNO map.

There are also some differences between version E and F. In the version F maps, a new woodblock was used for the colophon at the bottom left corner, which includes the title 'Honchō Zukan Kōmoku' and an explanatory description about the title (like 'Nansenbushū Dainihonkoku Shōtō Zu···') together with an intaglio table of distances to famous Asian cities, India, and Holland. In version E, the table of province names and their rice-based incomes (as classified by the Gokishichidō routes) is divided into two in the upper part of the map, but in version F, the table is in the bottom right only. In version E, the table of postal stations and their comparable distances on the Tōkaidō and Kisokaidō, etc., is located in the bottom right, but in version F it was swapped and divided into two in the upper margin. The content itself of these tables is quite the same.

The relationship between Ryūsen and the publisher Hayashi is unknown. It is possible that Ryūsen and Sagamiya used the SNO map as a basis for their new map of Japan (with or without Hayashi's permission) and the next year Hayashi published the same map by carving another woodblock without Ryūsen's name.

The reason why Hayashi remade the map using the old woodblock of the SNO map is unclear. It is possible that the woodblock originally used became worn out from two decades of use, or perhaps some dispute between Hayashi and Ryūsen occurred.

## 5. *Nihon Kaisan Chōriku Zu* (the NKC map, 'Map of the Seas, Mountains and Lands of Japan') -

## Ryūsen's Definitive Map

Ryūsen and Sagamiya extensively revised and produced a new map in 1690 (Genroku 3) with a new woodblock almost double the size of the HZK map[15]. The size of the print area was about 81 x 169 cm, and the shape of Japan became more deformed and broad vertically or "fat". Shikoku island was incorrectly turned clockwise, but Matsumae ('松前') was correctly portrayed as a peninsula of Iteki ('夷狄', or Ezo '蝦夷') instead of an island as it had been previously depicted. The frilled coastlines, which may have been viewed as inaccurate, were also modified.

The new NKC map was both more decorative and informative than previous maps like the HZK map. More mountains, travelers on the road at the gate of Edo, and ships and boats floating on the sea (not only Chinese and Korean, but also Japanese) decorate the map. It also contains much more geographical information than the HZK map. For example, a table of symbols and an explanatory legend not originally in HZK map is included. In the small cartouche in the lower centre-right of the map, Ryūsen made a distinction between large castle cities (represented by large squares and accompanied by illustrations of each castle), small castle towns (as small squares) and simpler residences or palaces '屋敷 yashiki' (as circles). Feudal lords' names and fiefs' rice cultivation-based incomes are noted against cities, just as in the HZK map.

The famous 53 postal stations of the Tōkaidō ('東海道', the Eastern Sea Route) are shown as ovals in the NKC map (sometimes in yellow ochre or orange) and are notated with great precision (e.g. distances, the palanquin fees from neighbouring stations, etc. Fig.7-2). All postal stations of the Tōsandō ('東山道', the Eastern Mountain Route[12]) and the Hokurikudō are newly added, also with respective distances from neighbouring stations. Except for the postal stations of these two routes, the number of other cities and towns shown in the NKC map does not differ greatly from that of the HZK map. For example, the number of place names in Musashi province increased from 12 to 24, but in Iyo it increased from 12 to 14. Nevertheless, famous places (especially shrines and temples) are better illustrated[16] in the NKC map than in the HZK map. These newly included place names tend to be in the eastern region of Japan, as the map was made in Edo.

Naturally, shipping routes linking ports with their respective distances are depicted in the NKC as lines across the sea. As for other navigation tools, two newly invented volvelles were inserted, titled "Change of the Day Length in 24 Solar Terms (A Year)" (upper) and "Lunar Phase and Tides" (lower)[17]. Such devices were perhaps a little troublesome, for in the later 1697 state of the map the former volvelle was removed and the latter replaced with a simpler table. A table in the top left of all states of the map gives the distances from Nagasaki to China (Nanjing & Fukien), Vietnam (Tonkin), Cambodia, Thailand, Indonesia (Jakarta), and Holland. These distances are the same as in the intaglio table in the bottom left-hand corner of the HZK map, where Nagasaki is not expressly mentioned as the ships' departure point. A table in the top right shows distances mainly from Edo or Osaka to their surrounding suburbs and the distances of shipping routes from Osaka to the western prefectures of Japan. Tables at the bottom centre and right list the names of the most important shrines and also all of the names of each province's districts, as classified by the *Gokishichidō*.

Considering all the aforementioned alterations, the NKC map does not seem to be a second edition of the HZK map, but rather a new and definitive map, say 'Ryūsen's original'.

The woodblocks used to print the NKC consist of three vertical and four overlapping horizontal blocks, resulting in a total of twelve sections. The woodblocks were kept separate after printing, then were once again mounted when needed for the next printing. This caused the horizontal joints of the blocks to become looser in the later states, resulting in slits or blank lines on the maps.

The NKC map itself does not include a printed title in the map. However, the following statement is recorded in the colophon in the bottom left-hand corner: "Many maps of Japan have been made in the past, and now we publish another, adding many roads

and famous places. Draftsman: Edo, Ishikawa Ryūsen. Publisher: Edo, Sagamiya Tahei." Editions and revisions of the NKC 'family' are shown in Table 2 and Fig.8-1～6.

Five versions of this map exist (Fig.8-7). The titles were changed twice, so while I tentatively describe them as the **NKC family** here, they are also sometimes known as **Ryūsen's large maps of Japan**[2].

As mentioned earlier, Ryūsen was active until c.1715, but his famous maps like *Bankoku Sokai Zu* in 1688 (Jōkyō 5) and *Edo Zukan Komoku* in 1689 (Genroku 2) were published somewhat earlier. He would have worked as a mapmaker with Sagamiya only, and there is no *geographical* revision of the NKC family in Ryūsen's lifetime. Sagamiya revised the NKC map once, in 1697, and titled it *Nihon Sankai Zudō Taizen* ('Map of the Mountains and Seas of Japan') on the cover. Yamaguchiya reworked the same woodblock by Sagamiya in 1707, changing the title on the cover to *DaiNihonkoku Ōezu* ('Large Map of Great Japan'). Hiranoya published the same map only once in 1730, and then Izumoji used it continuously for more than thirty years after 1744.

Like the HZK, Sagamiya maps were beautifully hand-coloured, with blue seas, green mountains, and orange (cinnabar '丹') or yellow cities. Feudal lands were sometimes distinguished by using different colours like yellow, orange, green, and occasionally red[18]. The use of colour for division seems not to have been consistent across all versions of the map. Yamaguchiya followed Sagamiya's style of colouring for his earlier maps, but his later maps were mainly coloured only in yellow or ochre, which is the same as in Hiranoya's and Izumoji's maps.

By thoroughly comparing the six NKC maps in my collection, I discovered that there were around 70 corrections, additions, and deletions of city names made over a period of approximately 90 years. These changes tend to relate primarily to the eastern area of Japan rather than the western. The only geographical change made in this period was the shifting of the border line between Ise and Iga provinces, in order to add the town of Hatta ('八田') in Ise, by Izumoji in 1744 (Fig.8-8).

As the NKC map acted as the local 'who's who' of feudal lords, Yamaguchiya and Izumoji updated and re-issued it regularly, most probably annually. After the Hōreki period (1751-1764), the words "updated monthly" appeared on the map (regardless of whether this was true or not). Due to the large number of updated versions published, it is possible that some states have not survived, or have yet to be found.

Table 2 Editions and Revisions of the NKC Map family

| Ver.A | Publisher | Sagamiya's first edition | | Cover Title | Nihon Kaisan Chōriku Zu, or Nihon Zukan Kōmoku[19] | | |
|---|---|---|---|---|---|---|---|
| State | Date | Collections | Rarity | State | Date | Collections | Rarity |
| first | Genroku3 (1690) | EAL (No. Ca4, not coloured) | RRR | second | Genroku4 (1691) | Namba(K), Akioka(S), Ashida, Muroga, Moriya, Kyoto Univ.(2 copies), GSI, Lib. of Congress (USA), EAL (No. Ca6, title on the cover: Nihon Zukan Kōmoku), the author(Fig.6), etc, | S+ |
| third | Genroku7 (1694) | Namba(K), Akioka(S), Kanō, Tsukuba Univ., EAL (No. Ca7) | R+ | | | | |
| Ver.B | Publisher | Sagamiya's second revision | | Cover Title | Nihon Sankai Zudo Taizen | | |
| fourth | Genroku10 (1697) | UBC, Namba(K), Tenri Univ. Lib., Washington Univ. | RR- | fifth | Genroku14 (1701) | Namba(K), Akioka(S), Kanō, Toyo Bunko lib. | R+ |
| sixth | Genroku16(1703) | UBC, Namba(K), Akioka(S)[11], Kyoto Univ., Waseda Univ., Hokkaido Univ., the author, etc. | R- | seventh | Hōei2(1705) | Namba(K), Kyoto Univ. | RR- |
| eighth | Hōei3(1706) | Kyoto Univ. | RR | ninth | Hōei4(1707) | Namba(K) | RR |
| Ver.C | Publisher | Yamaguchiya Gonbei | | Cover Title | DaiNihonkoku Ōezu | | |
| tenth | Hōei5(1708) | Namba(K), Akioka | RR | eleventh | Hōei7(1710) | Akioka(S) | RR |
| twelfth | Hōei8(1711) | Namba | RR | thrteenth | Shōtoku2(1712) | Namba(K), Akioka(S), Tokyo Nat. Mus., Sophia Univ.(Tokyo) | R+ |
| fourteenth | Shōtoku4(1714) | Akioka(S) | RR | fifteenth | Shōtoku5(1715) | Akioka(S), Waseda Univ. | RR |
| sixteenth | Kyōhō2(1717) | UBC, Akioka(S) | RR- | seventeenth | Kyōhō3(1718) | (formerly Nagumo shoten bookstore) | RR |
| eighteenth | Kyōhō4(1719) | the author | RR | nineteenth | Kyōhō5(1720) | Namba(K), Toyo Bunko lib. | RR |
| twentieth | Kyōhō6(1721) | Ayuzawa, Akioka(K) | RR | 21st | Kyōhō8(1723) | Kyoto Univ. | RR |
| 22nd | Kyōhō10(1725) | (sold at Tokyo Koten-Kai silent auction in 2008 Autumn)* | RR | 23rd | Kyōhō12(1727) | NDL | RR |
| 24th | Kyōhō13(1728) | Gifu Pref. Lib. | RR | | | | |
| Ver.D | Publisher | Hiranoya Zenroku | | Cover Title | DaiNihonkoku Ōezu | | |
| 25th | Kyōhō15(1730) | Akioka(S), Ayuzawa, Ashida, Kyoto Univ.(2 copies),Tsukuba Univ., the author, etc. | | | | | S+ |
| Ver.E | Publisher | Izumoji Izuminojo | | Cover Title | DaiNihonkoku Ōezu | | |
| 26th | Kanpō4(1744) | NDL | RR | 27th | Enkyō2(1745) | Akioka(S) | RR |
| 28th | Enkyō5(1748) | Akioka(S) | RR | 29th | Kan'en2(1749) | Namba(K) | RR |
| 30th | Hōreki1(1751) | Akioka(K) | RR | 31st | Hōreki3(1753) | Namba(K) | RR |
| 32nd | Hōreki4(1754) | Akioka(K), the author | RR | 33rd | Hōreki5(1755) | Ashida, British Library(Ex-Siebold) | RR |
| 34th | Hōreki7(1757) | NDL | RR | 35th | Hōreki8(1758) | Namba(K) | RR |
| 36th | Hōreki12(1762) | Namba(K) | RR | 37th | Meiwa3(1766) | Namba(K), NDL, Kyoto Univ. | RR |
| 38th | Meiwa10(1773) | Akioka(K) | RR | 39th | An'ei6(1777) | Senshū Bunko (Tokyo) | RR |
| 40th | An'ei7(1778) | the author(Fig.7) | RR | 41st | later An'ei period(1778-1781) | sold at Tokyo Koten-Kai silent auction in 2016 Autumn | RR |
| 42nd | no date | Namba(K) | RR | Compared to 41st, there is no change in map itself | | | |

1694 edition had two kinds of title labels and Akioka (1955) and Miyoshi (1989) counted these as two versions. As the map itself is the same, here I count them as one version.        * according to Akioka (1955, p.215), formerly Imashiro bookstore held a 1725 copy.

Misoshi (1989) researched the feudal names of the        Kyoto Shoshidai and Osaka Jōdai[20] in the map, using 28 copies of this NKC family published between 1691 and 1773 (as well as one later undated map). He concluded that Sagamiya made little effort to revise the names, but that Yamaguchiya and Isumoji continued to revise them every year or two. Uesugi (2007) later checked the1706 (Hoei 3) version, adding to Miyoshi's research, but no version of the NKC family published after 1773 had yet been found at that time. Senshū Bunko in Tokyo owns collections derived from the Satake Han clan and currently holds the 1777 version of the NKC map. A couple of years ago, I found the 1778 (An'ei 7) version, which had long been undiscovered (Fig.8-6). Another version, incompletely dated 'An'ei (blank) year', was sold at the Tokyo Kotenkai silent auction held in autumn 2016. Moreover, a version with no date is currently stored in the Namba collection of the Kobe City Museum. I compared the aforementioned version and my 1778 version and found no change in the map except for the absence of a date. Izumoji continued to sell the NKC family but after the An'ei period (1772-1781) he may have given up updating the map data.

The date 'An'ei 7 (1778)' in the last dated state of the NKC family is very significant. This is because the *Kaisei Nihon Yochi Rotei Zenzu* map was published by Sekisui Nagakubo the following year. Sekisui's map of Japan was to overtake Ryūsen's NKC as the bestselling map of Japan at the time (see next chapter). The fact that the 1778 version is the last dated NKC map ever found confirms that the shift in popularity from Ryūsen's map to Sekisui's was very sudden.

## 6. Influence of Ryūsen's Map

The shape and style of Ryūsen's maps of Japan were standard for a century during the mid-Edo period. For example, Fig.9-1 shows a large bird's-eye-view-like manuscript map of Japan drawn on a *byōbu* screen in 1714 (Shōtoku 4) which was based on information from the NKC family maps. The date of this map was estimated based on the names of some feudal lords who succeeded or yielded their positions in 1714, and whose names thus appear in or disappear from the map. The place names in this *byōbu* map are completely the same as those included in the NKC family maps. Famous

places like Nikko, Ise, Itsukushima Shrine and some temples (e.g. Mt. Kōya), are especially richly illustrated (Fig.9-2).

It is well-known that Adriaan Reland based his map of Japan titled *Imperium Japonicum per regiones digestum sex et sexaginta …* (published in 1715) on either the Sagamiya or Yamaguchiya NKC map. Unfortunately, Reland's map was geographically incorrect, and he also re-instated the frilled coastlines.

## 7. Conclusion

Ryūsen's maps of Japan were designed by Ishikawa Ryūsen in the late 17th century. There are two types of map attributed to Ryūsen- the HZK map and the NKC map. The earlier map, *Honchō Zukan Kōmoku,* is based on the *Shinpan Nihonkoku Ōezu* map by an unknown author, revised or perhaps even imitated by Ryūsen. The other map attributed to Ryūsen, the *Nihon Kaisan Chōriku Zu* (referred to here as a 'family' due to the numerous revisions and issues published), is his original and definitive map. The NKC map in particular included a considerable amount of important local and geographical information (especially on land routes), thus allowing it to also be used as a route map for travelers. Many castles and famous places in this map were illustrated based on the *ukiyo-e* artist's imagination, and the beautiful hand-colouring, especially of the blue sea, was unconventional in printed maps of the time. Later, such colouring was simplified for popular use, but the *Nihon Kaisan Chōriku Zu* family still won general acclaim due to its frequent revising and updating (more than 40 times) as a 'who's who'. Such characteristics are doubtlessly why Ryūsen's maps were best-sellers throughout the 18th century until the appearance of Sekisui Nagakubo's map of Japan.

## Notes

1 According to Uesugi (2015.p.88), Ryūsen was born c.1661 and died in 1721. According to Miyoshi (1989 p.2), he was active from 1686 until the Shōtoku period.
2 See Miyoshi (1989, p.1) and Kinda et al. (2007, p.48).
3 *Shugaishō* was an encyclopedia edited in the mid to late Kamakura period.

4 Gyōki's map, said to be made by the holy priest Gyōki, is a type of map where simplified bubble-shaped provinces are connected via main routes to Kyoto in the province of Yamashio. The oldest manuscript Gyōki's map, drawn in 1305, is stored in the Nin'na ji temple. See Akioka (1955), pp.24-27 and 46-48.

5 The title *Nansenbushū Dainihonkoku Shōtō Zu* was recorded in the colophon of the HZK map. In Buddhism, *Nansenbushū* means a world of human beings. See Unno et al. (1974, pp.22-23, 51).

6 *Koku* is a Japanese unit of volume for an amount of rice. One *koku* of rice equals about 280 litres, which weighs about 150 kilograms and is regarded as enough to feed an adult for one year.

7 Akioka (1955, p.186-7) notes that maps beautifully coloured with cinnabar, green, and more, were called '*kago-e*', as feudal lords used them in palanquins.

8 Iemitsu was the third Shogun of the Tokugawa Dynasty. *Iemitsu's Makura Byōbu Nihon Zu* was made on *byōbu* as a pair with a world map, and the originals are said to have been bequeathed to Iemitsu by Ieyasu, who was the founder and first shogun of the Tokugawa shogunate. These *byōbu* maps may have been used in the bed room of a nobleman, but this is probably just a myth.

9 Inaba Tango moved out from Odawara in Dec. 1685, and Ōkubo Kaga moved in Odawara in Jan. 1686. Akioka possessed three versions of the SNO map. In one map, Matsumae ('松前') is illustrated as a small island and the feudal name of Odawara is 'Inaba Tango'. (The author's copy is the same as this version.) Another version of this map includes the same island, and the name is recorded as 'Ōkubo Kaga'. In the last version, Matsumae borders on Iteki and the name is 'Ōkubo Kaga'. I have checked both the EAL and UBC copies on their websites, and in those maps Matsumae borders on Iteki and the name of the feudal lord of Odawara is 'Inaba Tango'. I have compared both the EAL and UBC copies with my own copy and have found that the woodblocks used were different in the details.

10 At the centre top of the map, the word Kantō ('韓唐'), meaning Gandō ('雁道', 'a northern country where migratory geese pass and no people live'), appears, and

at the bottom centre-right, the Rasetsu-koku ('羅利國'), meaning 'the Country of Raksasas (inhabited by ogresses, where men visit will never return)' is written. These words seem to have been copied from *Fusōkoku no Zu*.

11 As the Tokugawa shōgunate occasionally ordered feudal lords to change their domains, the names included in the map were useful to administrators, travelers, and the public.

12 Here, *Tōsandō* is used as a synonym for the *Kisokaidō* ('木曾街道') or *Nakasendō* ('中山道').

13 Unno (1972, p.27) pointed out the relationship of these maps, suggesting that the HZK map was the enlarged and revised edition of the SNO map.

14 The Rarity Index is based on the personal experience of this article's author.

RRR    Exceptionally rare    -almost never on the market, a few known in public collections.

RR    Very rare    -one copy or so may appear on the market within 5-10 years, several copies known in public collections.

R    Rare    -one copy or so appears on the market every couple of years.

S    Scarce    -one copy or so appears on the market every year.

U    Uncommon    -always one copy or so on the market

C    Common    -always some copies on the market

+ rarer

- less rare

I have modified Shirley's Rarity Index in *Mapping of the World: Early Printed World Maps*, 1472-1700, (1984, p. 641), to adapt it to the Japanese domestic market. I have reviewed public collections in Japan cited in books and websites as late as 2017. As for overseas collections, my survey is limited to open websites, for example, that of the Beans collection of the University of British Columbia and the C. V. Starr East Asian Library, University of California, Berkley.

Ranking S to C is based on copies of maps which have newly appeared on the market, with the consideration that some maps are unsold because of rather expensive pricing or their condition.

When suffix + is used, this suggests that the map in question is rarer within its class, and if suffix − is used, this suggests the map is more common. This follows the model in G.W.N-Usticke's *Rarity Classification in Rembrandt's Etchings: States and Values* (1967).

15 Until recently, the 1690 version of the NKC map was unknown and the 1691 version was believed to be the first state, as cited in many Japanese map reference books. The 1690 version, originally belonging to Mitsui Takakata (1867-1945) of the famous Mitsui family, is currently held in the Teihyo-kaku Bunko section of the Japanese Historical Maps Collection of the C. V. Starr East Asian Library, University of California, Berkeley. Teihyo-kaku is a pen name of Mitsui Takakata.

The catalog description of this copy reads 'the title is *Nihon oezu* by Ishikawa Ryushen. Genroku 3 [1690] No: Ca4_01, 81 x 167 cm., folded in cover 29 x 22 cm and the title was added by hand'. Unno (1987) overlooked this map because of its poor catalogue description at that time.

16 This is rather limited to the eastern and central areas of Japan as information about the western region was not successfully brought to Edo, where Ryūsen made his maps, and was also not as interesting to Edo's citizens.

17 The upper volvelle: In the slit, a white part shows the day length and black shows the night length at the dial

point on the date.

The lower volvelle: the hole of the rotating disc displays the lunar phase at the dial point on the date, and when the date on the outer circle and time on the disc is adjusted, they say we can see the tide. These volvelles seem to have been sold accessorily and separated, as many maps without discs nor centre holes still exist.

18 The typical colours used in the NKC maps were cinnabar, green, yellow and brown, usually used for 'Tanryoku Bon (cinnabar and green books issued in the early Edo period)', and with the rare addition of blue for the sea.

19 Manuscript titles on the cover labels of two 1691 copies (one formerly sold at Nagmo Bookstore and another in the EAL collection [Ca6_b]), read *Nihon Zukan Kōmoku*.

20 'Kyoto Shoshidai' was a feudal lord chosen as the official of the shogun's deputy in the Kyoto region.

'Osaka Jōdai' was a feudal lord chosen as an official responsible for holding and defending Osaka Castle and for the administration of the city of Osaka. He was also in charge of guarding the security of the Kansai region.

## Bibliography

Texts in Japanese

Akioka, T., *Nihon chizushi*, 1955: pp.212-216, pl.51.

Aoyama, H., 'Cartographic Information of the Ryūsen's map of Japan', *Rekihaku*, 2006; 134, pp.2-5.

Miyoshi, T., 'So-called Ryūsen's map of Japan', *Chizu*, 1989; 27: no.3: pp.1-9.

Kinda, A. and Uesugi, K., *400 years of printed maps*, 2007: pp.46-55.

Uesugi, K., *Chizu kara yomu Edo jidai*, 2015: p.88,106-120, 126-135

Unno, K.,et al, *Nihon kochizu taisei*, 1972: pp.57-59, pl. 27 and pl.31.

Unno,K., Collection of the maps of Edo period in the North America, *Jinbun Chiri,* 1987; 39(2),pp.16-41.

Texts in English

Berry, M. E., Japan in Print: Information and Nation in the Early Modern Period, 2006: pp.98-100.

Cortazzi H: Isles of Gold: Antique Maps of Japan. 1983: pl. 44 (note 14).

Hubbard, J. C., *Japoniae Insulae: The Mapping of Japan*, 2012: p.22 fig.12, pp.103-104, and pp.282-288.

Lutz, W. (ed.), *Japan, A Cartographic Vision. European Printed Maps from the Early 16th to the 19th Century*, 1994: pp.64-67 and pp.195-196.

Unno, K., *'Cartography in Japan'*, in *The History of Cartography*, 1995:2, Book2: pp.412-414, pl.27.

Yonemoto, M., *Mapping Early Modern Japan: Space, Place and Culture in the Tokugawa Period, 1603-1868*, 2003: pp.13-43.

Yonemoto, M., The European Career of Ishikawa Ryūsen's Map of Japan. In: Wigen, K. and Sugimoto, F., eds. *Cartographic Japan: A History in Maps*, 2016, pp.37-40.

# 第 2 章　改正日本輿地路程全図(赤水図)の改版過程

## 1. はじめに

　測量された日本地図の完成は文政 4(1821)年，伊能忠敬の死後 3 年を待たねばならないが，長久保赤水(1717-1801)の改正日本輿地路程全図，いわゆる赤水図(図 1)はそれに遡ること 30 年，初めて経緯線による方格が当てはめられて製図され刊行された当時としては正確さにおいて革新的な地図であった。

　2017 年は赤水生誕 300 年，生誕の地・高萩市では長久保赤水顕彰会を中心に遺稿の調査が進められている。赤水は幕府勅撰の日本図や諸国の国図を基に多くの書物の記述や各地の口コミ情報をも集めて，この地図を改訂していったとされる[1]が，この遺稿を基にした赤水図の製作過程の解明が待たれる。

　本稿では主に赤水存命中に製作された安永版[2]・寛政版の異版に焦点を当てて改版・改訂の過程を図像から考察するとともに，先行本並びに初版から 60 余年後に刊行される天保最終版に至るまでを図版を提示して概説し，彩色の変遷についても論ずる。

## 2. 赤水図の特徴

　地誌的な正確さのみならず，そこに記載された地名の豊富さにおいても赤水図は従来のものとは別格である。流宣日本図の地名は日本海山潮陸図の元禄 4(1691)年版においても国名を含めても 900 ほどであるのに対し，赤水図の初版(後述の 2 訂)では 4200 の地名が掲載されているとされ[3]，さらに寛政版になると 5952 個と約 4 割増加している[4]。山や川の名前も多いが，とくに川筋には赤水の拘りが感じられる。これは赤水自身が農民の出で農政学者として水利を重んじたためかもしれない。

　従来の絵画的表現は殆ど排除されており，名所旧跡も流宣日本図などで大きく描かれていた高野山・伊勢神宮や日光といった寺社仏閣は文字表記のみだが，那智の滝や鳴門の渦，黒潮の流れなどの自然の驚異にはイラストを加え(図 2)[5]，さらにはストク井ン陵(讃岐)など歴史人物の墓をいくつか取り上げたりしているが，これは赤水の個人的興味の表れであろうか。

図 1　安永初版①(南波 79)　改正日本輿地路程全図　(内題:新刻日本輿地路程全圖)　安永八年己亥春　常州水戸　赤水長久保玄珠製
　　　浪華 邨上九兵衛駘鐫字　淺野弥兵衛弘篤發行　　　神戸市立博物館蔵.

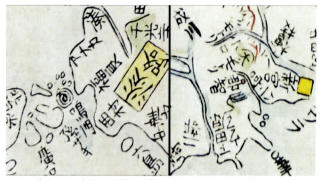

図2 赤水図の鳴門の渦潮と那智の滝 （南波79部分）

凡例にあるように，行政区画は初版では国境が太線で，道路が細線で多くは朱の手書きでなぞられて描かれていて，これが文化版以降は朱刷となる。更に寛政版では群界が破線で追加されているが，文化版以後も題箋に「新分郡界」とあるので，その後の版でも適宜改訂された可能性がある。路程については凡例にあるように曲尺一寸で十里に準ず(3cm/40km として縮尺は1/130万)として図中にも宿場間の距離は記載していない。解説文では海路の里程は書き込めないので割愛するとしているが，寛政版以降では版元の要望に応えたものか，図中に記入されている。

経緯線については，赤水図に25年ほど先行して，森幸安(1701-?) の手書き「日本分野図」（次章p.56の図1-2参照)には縦横に記入されているが，この図の赤水自身による書写が「橘守国図」として残されている[6]。赤水図の緯線は日本分野図を参考にしたうえで修正を加え，経線はこの図と同様に京都が起点(本初子午線が通る)となるように定めている。赤水はこれをコンパスローズ2つに挟んで示し，それ以外の経線については幸安とほぼ同様に，緯線に対して方格となるように漸次引いていったものと思われる。

## 3. 改正日本輿地路程全図の先行本

赤水図の直接の手稿は確認されておらず，それに代わるものとして長久保家に伝わる「改製扶桑(日本)分里図」手稿[*7]（図3）が知られる。これは長久保光明によれば「原図」とも呼ばれ(長久保1969, p.35)，これには明和5 (1768)年の刊記があるが，紙面を重ね張りしたり，あるいは胡粉を用いて上書きされていたりする部分が多々ある。この図の隠岐や本州北端の形状はどちらかといえば安永版に，能登半島と対馬の形状は寛政版に近いものの相違点も多く，この図の関東では後述の下野の茂手木は突出し(図3-1)，屋島は島のままで，摂津に住吉神社の記号があることは安永Ⅳ訂に近いが，古河と中田の間に川がないのはⅨ訂以降の特徴で，逐次手直しされていたとすれば成立の経緯は非常に複雑

であろう。ちなみに，次章で述べる伊予松山にコムラ川の表記はまだない。

図3 改製扶桑(日本)分里図 明和5年 高萩市歴史民俗資料館蔵（長久保甫氏寄贈）

図3-1 同図の関東東部 胡粉の白による修正が目立つ。○は古河と中田を囲む

本州北端では下北半島の形状が重要であるが，後述のとび口形にやや近いが斧形と折衷的で，「大間」という地名も二か所に書かれていて，1つは「夏泊」が「大間」に併記されており，これらは後の推敲で後書きされた可能性も想起させる(図3-2)。

この推敲の例として，図中央の下端には右から左に「信州松本。保福寺トアリ(この。は)誤ナラン」と墨書がある。図中で名所の記号として。が用いられているが，確かに陣屋の記号と紛らわしく，細かい字で彫られているとどちらかわからないところもある。ここでは，佛寺の家型記号を用いるべきだろうと言わんとしているようである。

ところで，この墨書の部分には上に紙が貼られていた痕跡があり，その幅が現在関東の右に斜めに張られ

ている題と解説文の紙(図3-3)と一致することから，この解説文はもともと刊本と同様に紀伊・四国の南に置かれていたと考えられる。改装時に下端が切り取られ，収まりの良いところに貼られたのであろう。

**図3-2 同図の本州北端**　○は夏泊半島と大間崎　注14参照

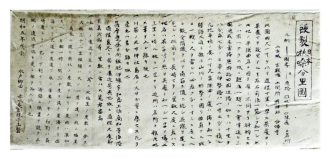
**図3-3 同図の凡例と解説文**

さらに解説文の後部1/3の紙はその継がれた部分から字体が異なり，前部の紙の方が汚損に乏しいことから，題字を含めて前部2/3は後から書き直されたものの可能性が高く，題もその際につけられた可能性がある。偶然かもしれないが題字の改製の「製」の字が赤水図刊本の「改正」とは異なっていて，「改」の下地に「新」と書かれていたことがわかる。題に続き凡例と解説文がある。赤水図にある解説文と比較すれば変更点があり，もともとは最後から二つ目に「一　薩摩鹿児島・・・土佐高知等海陸ノ道程夏冬ニ因テ遠近甚異也　故ニ道程尺度節用集武鑑等ノ里数ニ合ハス覧者思焉」が挿入されていたようだ。これが刊本では「一　海路里程ノ如キハ圖狭小ニシテ一一記シカタシ　其委キヲ識ント要セバ既ニ刊行スル所ノ増補日本汐路記[8]アリ就テ見ルベシ」となっている。文尾は刊本と多少異なる個所もある。刊記の「明和五年戊子　水戸郷士　赤水長玄珠子玉製」[9]の部分はおそらくもとの紙で二字ほど下げて書かれ，製の字の下が切れていたのを，裏打ちのときに解説文末の高さに合わせてわずかに重ね張りされ，製の下端は補筆されたものの様である。

## 4. 改版の過程
### (1)安永8年・初版(浅野弥兵衛版1779年)

赤水図の紙面サイズは，初版を通じて約83×134cmと変わっていない[10]。これは寛政版以降もほぼ同大である。凡例解説の冒頭の陽刻印は関防印(文の書始めに押される引首印で偽造防止の割印の意味ともいう)で「千古一業」，同末の「赤水長久保玄珠　製」の下の二顆の陽刻印は，「長玄珠印」「子玉」である。

後に寛政の三博士の一人となる柴野栗山(修して柴といい名は邦彦)の序文は安永4年3月であるが，原図は安永3年2月に上京した際には一応完成していたらしい。その後も加筆修正が続き，当時の出版目録によると安永7年に出願・許可がなされ出版は刊記の通り安永8年を目論まれていたが，彫りの遅れから江戸での刊行は官許から2年後の安永9年6月から9月の間である[11]。秋岡が指摘しているように(1955 p.224)，安永9年の刊行は袋の刊記によっても裏付けられる(図10-1)。さらに鈴木玄淳に宛てた赤水の書簡にも，彫が遅れているので刊行が翌年になった旨の記載がある[12]。

秋岡は安永版には少なくとも四版あるというが，「下北半島の尖るものしからざるもの，北海道の南部の狭いもの，広いもの，恐山，利根川等の字の有るもの，無いもの[13]等」としか記載していない(1955 p.225)。海野も秋岡の説を受ける形で「下北半島がとび口形[14]で恐山を記入しないもの，恐山を描く斧形のものなどがあり，のちの改訂版がいずれも後者の表現をとっているから，とび口形を示すのが第一版であろう」としている(海野ほか,1972,解説p.60)。しかしながら，実際には改訂が繰り返されており，著者が調査した安永8年初版本52点[15]は少なくとも13種に分類されたが，一部の資料は細部未見のため見落しもあり得，複数の修正が行われている場合は，その中間の版が将来確認される可能性もある。前述のように本州北端のみに長らく関心がもたれてきたが，図の修正はそのほか関東，瀬戸内東部などに集中している。木版の修正は埋め木をしてから，修正は彫り直し加筆は新たに彫り出すわけだが，この改訂の過程は以下に特徴を詳述し図8(pp.44-48)に図示するので相互に対照してご覧戴きたい。また今後の調査検討に役立つよう資料の全所蔵先と個別の特徴を次頁の表1に示す。

彩色については，初期の安永版は国の塗分けの配色が一定していないが，著者蔵の二訂では白の一部に胡粉が塗られ地の白とで10色が数えられる。三訂からは赤・黄・[黄]緑・淡橙・灰紫・鼠色に地の白の7色で塗分けられる。湖海の青・山波の濃緑・道などの朱が加えると，白以外では9色[16]の極彩色がその後の安

永版では定着する。手彩色のためときに誤ることはあるとしても国の色分けの配色はほぼ一定で，本稿ではこの配色パターンを「安永定番」と呼ぶこととする。さらに墨刷に加えて城下町は朱色で塗られている。国分けに緑色が用いられているためかあるいは大和絵の顔料自体のためか，くすんだような手彩色が以後の色刷版に比べると美しく，味わい深い(図4-2参照)。

## Ⅰ．初版[17]　　　　　希少度RRR-[第1章注14]

初版は北東の端の大島・小島(現北海道松前郡の同名の2島)が欠如している以外，細部については二訂版と同一である。東北では下北半島がとび口形で，関東では「常陸」の左の下野国境線はなだらかである。

## Ⅱ．二訂版（図4-1）　　　希少度RR+

北東の端に大島・小島が描かれる(図8-2)。
初版では僅かであった三十五度の緯線の対馬と隣のコンパスローズ間の線の折れがこの版ではやや目立っている。

図4-1　安永二訂版②(著者蔵本)　白に一部胡粉が塗られ，緑は劣化して黄褐色化(54頁も参照)。図4-2の八訂版と配色を対比されたい。

## Ⅲ．三訂版　　　　　　希少度RRR

(i)関東では**常陸全体が埋め木され細部が修正されている**(図8-3)。北は陸奥の南端(大シツ→大シクの変更，ヤツキの削除，棚倉〜泉の南まで)，南は下総(小金〜金谷付近〜印幡〜ナメ川)，西は下野(下総の中田〜下野の室ノハシマ〜野沢〜大[田原]〜北東の国境)まで。
①下野の茂手木が張出して「常陸」の国名と向き合っているのが目に留まり，同部北の曲がっていた那珂川は直線的に国境を超える。②下総との西部境界や付近の地名や小貝川などの川筋にも大きな修正があり，霞ケ浦の形状も修正されている。③常陸の東北端海岸寄りの国境の太線も欠損している。
(ii)西国では**瀬戸内の東岸部が修正されている**(図8-4)。①播磨の中ほどから西の海岸部，とくに加古川の河口は砂州か島状となり，②西の内陸部も川筋の修正や地名が整理され，③備前の東岸の島の配置や名前の修正がある。

## Ⅳ．四訂版　　　　　　希少度RRR

(i)西国では引続き**瀬戸内東岸部の東側の修正**(図8-4)。①和泉の堺の海岸が後退し，摂津の住吉がやや北に寄りその沖合に「住ノ江」が加筆され，西に向かう海岸部も修正され，和田ミサキにツキシマが出来て，②淡路の千光寺以北の地名も訂正・移動されている(古城・下田・エシマ→セキレイ・エシマ・一宮)。
(ii)関東では①**相模の国名の変更**と，その内陸部から武蔵の小仏・小クラ(丹波川右下)付近の修正，②**下総の国名の変更**と印籏沼の形状が微修正され印幡から印ハンとなる。小金と安彦の間のニナト→小倉に修正。

## Ⅴ．五訂版　　　　　　希少度RRR

(i)関東では，①江戸のフカ川の東に**カサイ**が追加され，同部の川筋も修正されている。②**安房の修正**，すなわち勝山が海側に突出し市坂も北東に移動，アサイナなどの地名の加筆。
(ii)西国では①河内のフチ井寺・万代付近の修正と大和川の加筆，②四国では**屋島が丸い島状から楕円の出島に修正**され「ストク井ン陵」の加筆がある(図8-4)。
(iii)　加賀のイフリハシのイフが彫直されて太くなる。

## Ⅵ．六訂版　　　　　　希少度RRR

関東では**再び常陸を中心に広範囲な修正**がある(図8-3)。常陸の国名の東から下総の国名枠の左端ラインの西側に埋め木がある。西の端はどこまでか判別し難いが，常陸の北西の端の中江の北から国境の外縁，下総の中田の西〜白井〜成田，が含まれる。常陸の(山)方・(石)ツ(カ)・土(浦)・常陸などの字体が異なり，八溝山や鳥子が微修正されている。また，武蔵の小クラの小の字に乱れが生じている。

## Ⅶ．七訂版　　　　　　希少度RR-

(i)①東北では下北半島に**恐山が描かれる**(図8-2)。②陸奥の會津・盤大山・猪苗代などの埋め木修正あり。
(ii)関東では常陸のタツ崎→リウカ崎の変更，常陸の東北端海岸寄りの国境の太線が復活している(図8-3)。
(iii)相模国の馬入川の西にエチ・アツキを復活・追加。

## Ⅷ．八訂版　　　　　　希少度RR+

(i)東北では一関以北の本州北端から蝦夷の南端付近が一つの埋め木で大きく修正されている(図8-1・2)。
①下北半島が斧型となっているのが特徴的，②出羽北部〜陸奥以北の修正も目立ち，例えば現青森県南西部，白神山地の西の海岸線の突出部分は北に移動されていて，③**津軽-蝦夷の位置関係**が六訂版までは蝦夷の渡島(おしま)半島(はんとう)の南端がコンパスローズの西にあるのに対し，この版ではコンパスローズの南側，さらに南の津軽と下北両半島に挟まれる位置に描かれる。④蝦夷の泊の左

の地名「石サヒ」は削除されている。
(ii)西国では大和の奈良付近が埋め木され春日大社が描かれる。郡山の字の向きは縦から横に変わる。

## IX. 九訂版 （図4-2）　　　希少度R+
(i)佐渡島が西に傾くよう反時計回りとなって形も修正され，北東に移動して北端が緯度線上に，島の東部を経線が横切るようになっている。
(ii) 関東では江戸と足利を結ぶ線から東側が大きく埋め木される(図8-3)。①江戸の表記の向きが変わり島状だった深川が陸続きとなり，②利根川の川筋が変更され間の支流が消されて古河と中田が地続きとなっている。(iii)上野の西部が修正され，草津→草ツとなり同部と妙キ山～小幡～吉井の部分に埋め木がある。

**図4-2 安永九訂版⑧(著者蔵本)** 国は赤・黄・(黄)緑・淡い橙・灰紫・鼠色と地の白色による7色で塗り分けられ，湖海の青・山波の緑・城下町と道の朱色を加え，白以外は9色の極彩色が用いられている。越中・備中などの灰紫色が加賀や備前の灰色と見分け難くはあるが，三訂以降，安永定番の塗り分けが定着していると考えられる。この版は十三訂とともに安永版の中で最もよく見かけるもの。

## X. 十訂版　　　希少度RR
日向の美々津(耳川河口の美三)は高鍋藩の商業港で，この「湊」(地図では中が天でなく火)の字が縦横とも倍くらいに大きく書き替えられている。

## XI. 十一訂版　　　希少度RRR
凡例解説には囲み枠が作られ，その書体は変更されてすべて書き換えられている。解説文末「常州水戸赤水長久保玄珠　製」の作者名の部分は「長玄珠子玉父」に変更されているが，下の二顆の陽刻印についてはやや陰影は異なるものの同じ内容である(図8-5)。

## XII. 十二訂版　　　希少度RRR
(i)東北の修正として(図8-2)，①下北半島と津軽半島の間にある「大間崎」は「夏泊」に修正され[18]，これはそのまま寛政3年版へと踏襲される。②恐山が南西の海岸寄りに移動されている。
(ii)関東では下野の東部の馬頭や国造碑が北の内陸部に移動している(図8-3)

## XIII. 十三訂版　　　希少度R
(i)東北では「八郎潟」の地名が記載される(図8-2)。
(ii)西国では弓削・芹生(現京都府に属す北桑田郡)が丹波から若狭に属す様に国境が変更され若狭が山城に接している(図8-4)。(iii)日向の湊が「漆」に書き改められている。

### (2) 寛政3年・第二版(浅野弥兵衛版1791年)(図5-1)
　この寛政版では題箋に「増修定本」とあるように，安永版と比較すると，初刷の段階で情報量とくに地名の大幅な追加があるが，著者所蔵本3点を含めて今回調査した20点ほどを比較した限りでは，初刷り以降の地名の修正は後述のようにわずかのようだが，さらなる検討が必要だろう。また，地形についても安永版と比べると初刷の段階で本州北端や四国南端，佐渡・隠岐・対馬などに修正が見られ，著名な山々は形に一層特徴づけが図られているが，初刷り以後の地形の目立った改訂箇所は伊豆諸島くらいと思われる(図9-1～3)。
　経緯線の位置はほとんど変わっていないが，安永版では12個あったコンパスローズは10個に減らされている。凡例も増補されて，郡名は小判型で囲まれ郡の境界は破線で示されている。また対馬と隠岐の間に東都榊原隠士の潮汐に関する考証が追加されているが，この人物については不明である。各地の港での潮の時間の差を主に述べているが，海路の里程が書き加えられていることと関連するかもしれない。さらに，航海に関連するものとして常陸沖(陸奥南端の四倉の海上)や佐渡海峡，有明海や周防灘の不知火について伝承や解釈を含めた記述があるのが興味深い。初版にも有明海に不知火の記載があるが，赤水の自然現象への探求心の表れであろう。常陸沖の阿加井(赤井嶽)籠燈は「東奥紀行」に掲載した自身の著述によっている(図5-2)[19]。
　この寛政版が赤水の手が加わった最後のもの，いわば完成版である。赤水没後のこれ以降の版では，一部地名と道筋の修正追加はあるものの，実際のところ目立った改定は認められない。また，解説文末の長玄珠子玉父の玉が王となっていて，その後，天保11年版に至るまで訂正されていない。このことから，文化以降の版では安永版は参照されなかったと考えられる。
　彩色に関しては，寛政版も手彩色であるが(黄)緑と鼠色が省かれて，赤，淡橙，黄，灰紫の4色と白により五彩分国となり，寛政版後期の国の色分けが寛政版の配色として定着する。この配色パターンを「寛政定番」と呼ぶこととする。（図5-1参照)。この減色の理

**図 5-1　寛政 3 年初版**(南波 95)　手彩，この極彩色は寛政定番で，国の色分けは赤，淡橙，黄，灰紫と白の五彩分国に海の青と山の緑，城下や道路の朱刷りで白を入れて 8 色か．本図のように寛政版の初期は海全体が青く塗られる例をよく見かける．　神戸市立博物館蔵．

**図 5-2　寛政 3 年初版の関東東部**(南波 95)

安永版との比較は図 8-3 を参照されたい．地名の増加が顕著である．四倉沖に阿加井籠燈の記述があるのが興味深い．

由としては，勿論顔料調合の手間からは少ないほうが良く，緑は山に使われているため，鼠色は灰紫と区別しにくいために省かれたものであろう．四色問題ではないが，安永版と比べると色の配置は一部変更されている．この版まではすべて手彩色と思われ，そのためか極彩色でも彩色が寛政定番でないものが時々ある．ちなみに，茨城県立図書館にある赤水の書簡(029-8-387; 8 通の軸物)によれば，寛政 3 年版(「群分図」と略称されることもある)の「素摺り(単色)1 枚 17 両，中彩色[原文のまま](4-5
色　著者注:減色して安価にしたもので本稿ではこれを減色版と呼ぶ)1 枚 21 両 5 分，極彩色(8 色)1 枚 25 両」の高値で販売されたという [20](長久保,1992,p.268;馬場,2002,p.39)．

享保以後大阪出版書籍目録(p.139)には寛政 2 年 11 月出版とある．地名があまりに多く試し刷りの過程で埋め木により多数修正され，例えば八甲田山を東に下る坪川という河川名は横書きに直されている．高萩市歴史民俗資料館には部分的な稿本と思われる長久保甫氏寄贈「東北南部から近畿図」という赤水の手書図(98×104 cm)がある

### I．寛政 3 年初版　　　　希少度 RR-

三河の碧海(へきかい)(現愛知県高浜市碧海町)は郡名の小判型の囲みが抜けている．この版の現存は割に少ない．

・南波 95*(図 5-1)，茨城県立図書館蔵本*(五彩で国別の色分けはあるが寛政定番ではなく，沿岸は青だが山は無彩色)．減色版は早大図ル 11 00705*，歴博・秋岡 H-110-8-69 (細部未確認で二訂版の可能性もある)，著者蔵本*(図 5-3)．

・高萩市歴史民俗資料館所蔵(甫氏寄贈)の寛政版は軸装され，その彩色は定番ではなく減色版の海の青(湖は胡粉の上に青)・山の緑・城下の朱以外，黄・樺色・鼠色の 3 色で国の色分けが試みられ，泊の東に「江指」と記載があるがこれは確認したところ手書きであった．初期の試作版ではあるが，印面は同一のため，ここに含める．

### II．寛政 3 年二訂版　　　　希少度 RR-

微々たる差異ではあるが，三河の碧海が彫りなおされて字体が変わり，郡名の小判型の丸で囲まれている．

この版も現存はかなり少ない．南波 96*・蘆田 9-70-2 の彩色は寛政定番で共に海全体が青く彩色だが，EAL 蔵本 Ca14* は減色版．

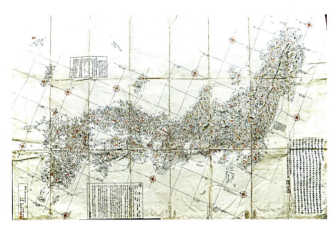

図 5-3 寛政 3 年初版・減色版（著者蔵本）　国別の色分けは無く，海・山・国[州]名・郡名がそれぞれ青・緑・赤・黄で彩色されているのみで減色版。

## Ⅲ．寛政 3 年三訂版　　　希少度 RRR?

(i) 蝦夷は「江指」と見える地名が泊の西に追加される。これは文化 8 年版以後では再び消される。
(ii) 津軽の八甲田山の東の坪川は潰れているが，改めて斜めに向きを変えて掘り直されている。
(iii) 美濃南東部の山内と九景山の並んだ南北の位置が逆になり，大峯の誤りが大久手に修正されている。
(iv) 三河の碧海の郡名がまた彫り直されて小振りとなり道路から離れて少しずれている。

　この版の刊本は未確認だが，津市図書館に写本が存在する[21]。

## Ⅳ．寛政 3 年四訂版　　　希少度 S

　伊豆諸島の形状と配置が見直され，**青ヶ島は八丈島付近から分離され**[22]八丈島への航路が追加される。この版は多数現存している。池田家(T10-10)*は色彩が鮮やかに残り，比較的早い良摺りである。ほかは早大図 ル 11 00032*，赤水顕彰会蔵本*，国立国会図書館 YR8-N 88**，神戸・秋岡 19*，蘆田 9-70-1・9-71・9-74，狩野 3-8343-1，神奈川県立歴史博物館蔵本，著者蔵(図 5-4)2 点*など。龍谷大禿氏文庫 024.3/1398-W の薄紙使用は稀。いずれも彩色はほぼ寛政定番。

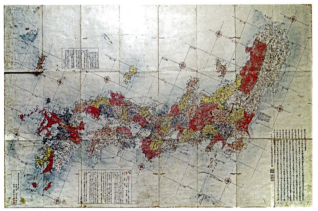

図 5-4　寛政 3 年四訂版　著者蔵の摺りの早いほう。本図は顔料が鮮やかだが手彩色で，国の色分けは 4 色+白で安永版とは異なり，緑は山に用いられるのみで水の青，城下や道路の朱と合わせて 8 色が用いられている。寛政定番である寛政初版の南波 95 などと比較すると安芸・石見・阿波・筑前の黄と灰色が逆になっている。

## 3) 文化 8 年　第三版　（1811 年）

　馬場(2002，p.36)の表現を引用すれば，版元が江戸の須原茂兵衛に加えて大坂は浅野弥兵衛のみの東西二軒版と大坂五軒が並んだ東西六軒版が存在する(図 10-3)。版面の傷み具合や刷りの状態からはこれらは同一の版木が使用されていて，二軒版が先行版と思われる。二軒版と六軒版ともに，紀伊半島沖のコンパスローズの位置が東に移動し，本来赤水の意図した京都を挟む位置ではなくなり，蝦夷の泊の左の地名は削除されている。二軒版の神戸市立博物館・南波 99 や著者蔵本では国の色分けも山並みの緑・道路の赤も手彩色でこれが一般的のようである。蘆田・南波・著者蔵本では海全体が青く塗られているが，これは寛政初版とこの文化二軒版によく認められる。これに対し六軒版以後は天保版も含めて合羽刷りの色刷となり，寛政定番の五彩分国の配色が手本として定着している。題箋には「新分郡界」とあり，袋には「文化増修再刻」とある。

### Ⅰ．東西二軒版　　　　希少度 S+
歴博・秋岡(H110-8-70)，蘆田(9-77)，南波(99)*，岐阜県立図書館，大洲市立図書館矢野玄道文庫，著者蔵本など。龍谷大禿氏文庫 024.3/1397-W は素摺り。

### Ⅱ．東西六軒版　　　　希少度 R-
UBC(beans1811-1)*，EAL(Ca 17)*，歴博・秋岡(H110-8-71)，狩野(3-8344-1)，ライデン大学図書館，著者蔵本*(図 6-1)など

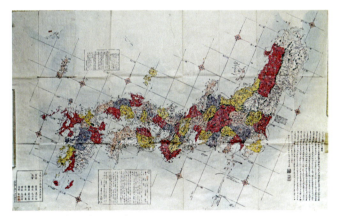

図 6-1 文化 8 年Ⅱ・東西六軒版(著者蔵本)　刊記が長い分，紙の横幅も 140cm と長め。合羽刷りで手彩色の図 5-1 や 5-4 と比べとは色調が硬質であるが，配色は寛政定番で塗り間違いはなくなっている。

## 4)天保 4 年　第四版(東西六軒版 1834 年) 希少度 R-

・早大図(ル 11 01140: 海は沿岸しか塗られず)，歴博・秋岡(H110-8-72)・蘆田(9-76-1〜3)・信州大学図書館，狩野(3-8345-1 は素摺り)，著者蔵本(極彩色 1 点[図 6-2]*，素摺り 1 点*)など。
・住吉大社御文庫の箱付きの奉納本は付 1 参照。

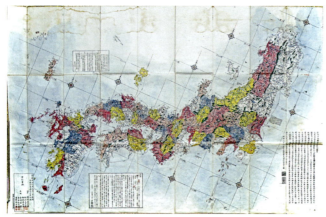

図6-2 天保4年版（著者蔵本の極彩色のもの）

5）天保11年　第五版[23]（1841年）

東西六軒版と大坂六軒版があるが，面の傷み具合や刷りの状態からはこれらは同一の版木が使用されていて，東西版が先行版と思われる。

Ⅰ．東西六軒版　　　　　希少度R-

蘆田(9-73)，歴博・秋岡(H110-8-73)，EAL(Ca29)*，著者蔵本*（図6-3）など

Ⅱ．大坂六軒版　　　　　希少度R

南波(125)*，Library of Congress, Washington 蔵本(G7961。P2 1840)など。版は摩耗して粗造となっているものが多い。

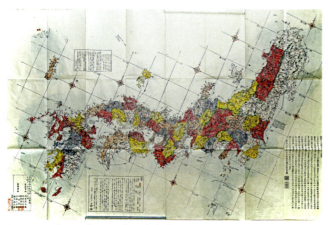

図6-3 天保11年Ⅰ・東西六軒版（著者蔵本）

5．まとめ

古地図研究者や愛好家の間では安永版の異版は秋岡らが示したように下北半島が尖っているのが初版で，それ以外は一括りの後版であろうと長年考えられてきたが，本稿の調査で実際には少なくとも12回の改訂があり，下北半島が尖っている版も7種以上あることが分かった。改訂版によって現存稀なものもあれば比較的多く残るものもあり，多く残っているものは多く刷られ恐らく相応の期間長く販売されたと考えられ，九訂や十三訂は次の改訂までの間隔が長かったものと思われる。寛政3年まで10年余りではあるが，寛政版の準備には相応の年数を要したと思われるので，安永版は頻度的には年1回以上，初期にはより頻繁に改訂されたはずであり，修正は本州北端，関東，瀬戸内東部などに集中していて，特に関東などは度重なる改訂でさらなる埋め木が困難となったかもしれず，それも寛政版改版の一因となっていたかも知れない。寛政版での改訂は安永版の轍を踏まず，初めの時点でほぼ完成形になるよう夥しく増加した地名などに入念な準備があったと思われ，図形の改訂は伊豆諸島以外明らかではないようである。

彩色に関しては，安永初版の初刷りでは国は色分けされなかった可能性が高いが，その後，安永三訂版から極彩色が標準となったと思われる。寛政版には，素摺り，減色版，極彩色があって，販売戦略として価格が差別化されていたが現存する多くは極彩色版であり，分国は五彩であるがその配色は安永版とは少し異なる。初めは手彩色であったが，文化版の六軒版以後は合羽刷りの色刷となって塗り間違いはなくなっている。

赤水は安永版・寛政版を併せて15回以上の改訂を繰り返してこの図を完成させたが，これには並々ならぬ執念が感じられる。伊能図は幕府に秘匿されたこともあり，その圧倒的な情報量と正確さから，赤水図は日本図の標準として江戸後期の世，明治に至る80年に亘って受容されていく。これは天保最終版まで60余年以上にわたって刊行が継続されたこと，さらにはその模倣版が多数刊行されていることからも分かるが，模倣版・派生版については次章に譲る。

版の細部を見てゆくと，各版はすべて版木を変えて彫り直されている（図7）。その作業は大変なものだったはずで，いずれの版も摩耗してしまうほど，赤水図にはそれだけ需要があったということだろう。

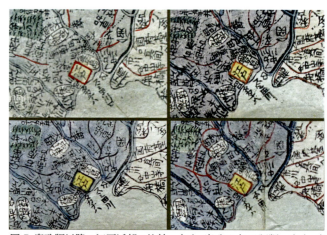

図7 寛政版以降の江戸近郊の比較　左上 寛政3年三訂版　右上 文化8年Ⅱ版　左下 天保4年版　右下 天保11年Ⅰ版　著者蔵本

この赤水図のような日本図は時代の要請であったのかもしれないが，あらゆる疑問を解決しようとする赤水の実証主義的な姿勢がなければ実現はあり得なかったと思われる。

## 注

1 長久保光明 1969，p.38

2 和本の分野では木版本には「板」を使うのが一般的とされ(橋口侯之介『和本入門 千年生きる書物の世界』，2011,平凡社，p.175)，例えば「新板日本国大絵図」などの題箋にも「板」がよく用いられており，これは木の板を彫って作成するからに他ならないが，従来の刊行図研究では「版」を用いることが多いため，本稿でも「版」と表記する。ちなみに秋岡の「日本地図史」でも版元なども含めて原則として「版」が用いられているが，版木については「板木」を使っている。

3 Titsingh は赤水図初版の地名を翻訳し 4200 以上をリストアップしている(Matsui, 2016, p43)。

4 長久保赤水顕彰会前会長の若松健一氏よりご教示いただいた。筆者の調査でも，安永十三訂版と寛政版初版(南波 95)で記載の地名の数を比較すると，赤水の郷里の常陸は 130→140 と元々詳細であったが，例えば武蔵は 86→137，伊予でも 95→135 と 3〜4 割ほど増加している。

5 渦巻は赤水の唐土歴代州郡沿革地図(寛政元 [1789] 年)の浙江海上にある「灌門海」でも描かれている。

6 橘守国は大坂の絵師で，彼の所蔵する日本図に幸安が手を入れて経緯線も書き加えたものが日本分野図。赤水と幸安には直接の面識はなかったと思われるが，共通の友人である木村兼葭堂(1736-1802)を通じてこの図を写す機会を得たもの(上杉，2015，pp.185-188)らしい。

7 地図の調査にあたり，*をつけたものは地名を弁別できる高精細画像を十分に確認できた。無記号のものはウェブ上や書籍で公開されている低解像度の画像ないし特徴の聞き取りにより判断した。国立国会図書館・龍谷大学図書館蔵本は原本の目視のみである。

8 寛政改補新板として「寛政八歳丙辰増補 書肆 大坂心齊橋通北久太郎町 河内屋喜兵衛 同所 河内屋宗兵衛 大坂高麗橋通心齊橋少シ東 松本屋平四郎 同所 松本屋新助」が知られているがこの叙に「明和七庚寅歳孟夏 高田政度編述」とある。

9 玄珠は赤水の本名，子玉は赤水の字で共に明和 5 年に郷士格に取り立てられた時に改名されたという(『続長久保赤水書簡集』高萩郷土史研究会編[2014]収載の長久保赤水年表 p.136 による)。当時 52 歳で，ここでは安永九訂以降の様に「父」をつけていない。

10 板の継ぎ目は紙面左端から約 25.5cm，御号島の西〜三十四度線の玄界灘付近〜日向国名の右端の内側〜三十一度線の右端に縦の 1 本だけは明瞭に認められるが，それ以外に直線的な継ぎ目が見当たらない。しかしながら残りの東部分が

1 枚板としては広すぎるのでさらに詳細な検討が必要である。

11 「享保以後大阪出版書籍目録」(大阪図書出版業組合編，1936 年，p.104)には「新刻日本輿地路程全図一枚 作者・長久保源五兵衛(常州水戸) 板元[原文のまま]・藤屋弥兵衛(高麗橋一丁目) 出願・安永七年二月 許可・安永七年二月」とある。また，「江戸享保以後江戸出版書目」(朝倉治彦，大和博幸 編 臨川書店，1993 年，p.239)によれば安永 9 年 6 月 24 日の次項に同 9 月 25 日付で 758 番「日本輿地路程全図 折本全壱枚 赤水長先生 板元大坂藤屋弥兵衛 売出し山崎金兵衛」とある。

12 江尻光昭著「松江雑録」は玄淳の「萬書留(柴田兵部所蔵資料)」をまとめたもの。『松江盧淳：鈴木玄淳と松岡七賢人たち』，茨城高萩郷土史研究会，2007 に掲載。この p.169 を引用すると，「二月二十七日付 ・・・日本輿地の図，亥の春より彫りはじめ，子の二月末出来候由，・・・」とある。亥は安永八年己亥，子は同九年庚子である。松江は鈴木玄淳のことで，赤水の恩師。

13 利根川の字は武蔵国の北東端に全ての改訂で認められている。

14 長久保光明(1969)では記載がないので，とび口形と呼んだのは海野が嚆矢かもしれない。

15 本稿は日本地図学会誌「地図」に 2017 年 5 月投稿した際に削除された部分を補って，かつ調査対象を増補したものである。「地図」Vol.55 No.3, 2017,pp.17-24 掲載分の，安永V訂は本稿のV・VI訂に，同じく安永VIII訂はIX・X訂に再編し，寛政版についてはそのままである。

東京古書組合主催の東京古典会と明治古典会の大入札会での出品については，2000 年以降の目録上は著者が入手した 2016 年 11 月の東京古典会以外，安永初版は出品されていなかった。

16 色名の名称については付 4 (p.54)を参照されたい。次章の「大日本改正図」(図 2-1)には青・赤・黄・白・紅・萌黄・紫・樺色・鼠色，秋岡コレクションや横浜市立大学の鮎澤信太郎文庫に所蔵される「地球万国山海輿地全図説」小図の異版には樺・紫・紅・黄・白・赤・黒灰・金・銀の配色名が記されているので，当時の色の呼称の参考になろう。ここでは樺色は淡い橙色に近く，紅は赤を淡くしたものとなっている。

17 蘆田版は日向の佐土原から飯肥までの道路が多分手書きの赤線で，秋岡版では西津軽北部の道路が赤線で追加されている。高萩版にはこれらの線は双方とも認められない。その後の版でも双方の線は認められないので，高萩版はやや後版と思われるが，その彩色はさらに後年のもののではないかと推測される。

18 同地は正しくは夏泊半島で，大間崎は下北半島の最北端にある。赤水は最北端にも当初から「大間」と記載していて混乱がありこれを訂正したわけである。

19 『標注図画東奥紀行』 寛政 4(1792)年 12 月，浅野弥兵衛ほか刊。赤水の宝暦 10(1760)年 7 月の旅行記であり，後年出版されたもの。本文 2 丁ウラの頭書に同内容の記載あり。

20 残っている寛政版の多くは極彩色で，減色版は早稲田大学図書館蔵本ル 11 00705 や著者蔵本，素摺りは寛政版については現時点では確認できていない。素摺りは天保 4 年版では時折発見されることがある。

21 これは文政 13 年に戸塚伯曷が写した旨の記載があり，同館にある稲垣文庫の安永版も同氏の旧蔵である。

22 この指摘は，明治大学附属図書館の蘆田文庫目録 09-70-2 の注記にも「八丈島の注記異なる。青島なし。海全体を青く塗る。寛政 3 年の初刷か。」と記載されている。

23 長久保光明(1984, p.35)は「6 版は弘化 3 年(1846)，7 版は明治 4 年(1871)」としているが，次章で述べるように弘化版は模倣版である。

参考文献

秋岡武次郎 1955.『日本地図史』pp.224-228 ミュージアム図書，1997 復刊

金田章裕・上杉和央 2007.『地図出版の四百年』ナカニシヤ出版 pp.57-62

上杉和央 2015.『地図から読む江戸時代』筑摩書房

海野一隆・織田武雄・室賀信夫 1972.『日本古地図大成』講談社　解説篇，pp.59-60

長久保光明 1969. 長久保赤水の日本地図編纂について，地図 7(3) pp.32-40

長久保光明 1984. 長久保赤水の日本地図編集のあらまし，歴史地理学 127: pp.25-35

馬場章 2001. 地図の書誌学―長久保赤水『改正日本輿地路程全図』の場合. 黒田日出男他編『地図と絵図の政治文化史』pp.383-430 東京大学出版会

馬場章 2002. 赤水図の書誌学. 高萩市文化協会編『ゆずりは』8: pp.28-41

Matsui, Y. 2016. A New Map of Japan and Its Acceptance in Europe, in Wigen, K., Sugimoto, F, et al.(Ed.), *Cartographic Japan: A History in Maps*: pp.41-43

# The Revising Process of 'Kaisei Nihon Yochi Rotei Zenzu (Sekisui-zu) '

Keywords: Kaisei Nihon Yochi Rotei Zenzu,　Sekisui-zu,　Sekisui Nagakubo,　woodblock printed map, map of Japan

'Kaisei Nihon Yochi Rotei Zenzu' by Sekisui Nagakubo, measuring around 83 x 134 cm and traditionally referred to as 'Sekisui-zu', is the earliest woodblock-printed map of Japan employing lines of longitude and latitude. Sekisui-zu is much more detailed than traditional maps like those of Ryūsen Ishikawa, with 4200 place names in the first edition compared with Ryūsen's 900. Most of the first editions are hand-colored in nine hues (presumably Yamato-e pigments), seven of which distinguish different regions. Sekisui-zu is still not a survey map but nevertheless acts with great geographical accuracy as a route map, and was published a full 30 years in advance of the first surveyed manuscript map, by Tadataka Ino.

The first edition bears the printed date of '1779' but, according to Sekisui`s documents, it was actually published the next year. Sekisui scrutinised not only maps and documents but also travelers' communications so vigorously that he revised his map time and time again. The first edition alone was revised at least thirteen times by the time the second edition was released in 1791, by replacing the parts of woodblock with implants of more accurate ones, most notably at the north end of Honshu, east part of Kanto province and east part of the Seto Inland Sea. The woodblock used to print the area between the Hitachi and Musashi prefectures was also replaced more than three times, as it became impossible to re-carve.

The second edition was fully revised and contained more complex information, most of which was corrected before first publication. This edition was hand-colored in five different hues, one for each region. This was Sekisui's last edition, and seems to have been revised only (at least) four times, mainly around the Izu Islands in a later issue. Three other editions, mostly colour printed, were released posthumously in 1811, 1834, and 1841.

For eighty years of the late Edo period, Sekisui`s 'Kaisei Nihon Yochi Rotei Zenzu' was accepted as the definitive map of Japan.

# 表1　赤水図・安永8年版各改訂の所蔵先と資料番号一覧

| 版 | 番号 | 所蔵先 | 資料番号（図版） | 特徴 | 彩色 |
|---|---|---|---|---|---|
| I | ① | 神戸市立博物館 | 南波79*（図1） | 地図北東端の大島・小島は明らかに欠如している。版元の印は認めない。三十五度の緯線の対馬と隣のコンパスローズ間の線折れは軽い。替え表紙でやや虫喰いがみられる。 | 後の減色版に相当し、海岸の周囲が淡い青、山が緑、他に国名部分と城下町の記号が黄、街道が赤で塗られているだけで、コンパスローズも赤と黄で塗られている。 |
| I | ② | 明治大学図書館 | 蘆田9-72-1*（『日本古地図大成』p.70-71 no.33図版） | 最北のコンパスローズの「北」の字が殆ど切断されているが、境界に位置するはずの小島は欠けていると思われる。三十五度の緯線の折れ具合も①と同等。状態は良いようで、これにも版元の印を認めないことから刊行前の試作版と考える考え方もあるが、もし相応の数が残存するとすれば刊行版と考えてもよいだろう。 | ①と彩色もコンパスローズ以外同様 |
| I | ③ | 高萩市歴史民俗資料館（長久保赤水顕彰会寄託） | 高萩市指定345*『ゆずりは』2006.11; p.137図版 | 最北のコンパスローズの「北」の字が殆ど切断されているが、本来あるべき部分に小島は欠如しており、紙質に損傷はなく、北端の大島は図面から外れている。紙面左下に欠損はあるが版元の「星文堂」印の一部が残っている（図10-2） | これは後の安永定番の極彩色に彩色されていて、コンパスローズも赤・黄・紫の3色で、早い時点の版とすればやや違和感を覚える。I-①・②のような版に後から彩色した可能性もありうるがそれらの国名には黄色が塗られているので、素摺りにやや後の彩色だろう。 |
| II | ① | ライデン大学図書館シーボルト・コレクション | Serrurier.220a*（Matsui 2016; Fig.8.1図版） | 小島が存在し大島も大部分が切断されているが存在している。この刊本はイサーク・ティチングIsaac Titsinghがオランダ商館長として長崎に滞在した1779～1784年（Matsui 2016, p.42）の間に入手したとされ時期的にも合致し初版の刊行状況を知る上で興味深い。多数の地名番号の記入あり。 | 写真で見る限り、蘇芳系の赤とその淡色、橙桐の樺色とその淡色か黄赤?・灰緑・灰紫・鼠色と胡粉の白の8色で国は色分けされ、これに海の青・山の緑・道の朱が加わる。まだ色調も定まってはおらず、出羽が赤ではなく黄色なのはこの資料だけ。印は無い。 |
| II | ② | 著者 | 蔵本*（図3） | 小島が存在し大島は上部が切断されている。版元の「星文堂」「弘篤」の朱印が存在する（にじみを考慮すれば I-③の印と同一の可能性あり）。 | 分国は赤と橙とそれらの淡色、黄緑（信濃のように洗浄で貴褐色に褪色）、黄、灰紫、灰色、無地の白と胡粉の白で10色、これに青・緑・朱が加わる。II-①と配色はかなり異なるが、まだ安永定番ではない。 |
| II | ③ | 東北大学図書館 | 狩野3-8342-1 | 大島は無いが小島は一部欠けてはいるものの存在し、紙面がややトリミングされていて不確実ではあるが印も無さそうである。 | やけは強く写真では8色位（橙と白は一本化、灰紫を廃し灰青?使用）で彩色され、出羽は赤で伯耆の白も含めてII-②と共通点は多いが、下野・尾張・丹後・豊前の灰青?が目新しく因幡なども差はある。まだ安永定番とは大きく隔たる。 |
| II | ④ | フランス国立図書館 | FRBNF40745945* | 大島は無いが小島は全体が存在。印も2顆ある。 | II-③と彩色は共通し、ヤケはあるが色は比較的よく残る。 |
| II | ⑤ | 九州大学図書館 | 松木文庫636 | | |
| II | ⑥ | 明治古典会入札会 平成8(1996)年 | 出品番号2060番（図版あり） | 小島はあるが大島は切られて存在しない。現所蔵先も不明。 | 彩色などは不明。 |
| III | ① | 神戸市立博物館 | 南波82* | | 彩色はこの版から安永定番の極彩色である。 |
| IV | ① | UBC | g7961 p2 1779 N3; Beans 1779.1* | | これも安永定番の極彩色である。 |
| V | ① | 龍谷大学図書館 | 写字台文庫491.09/1-W | 常陸北部に埋木に沿って欠損あり。 | 安永定番の極彩色。黄緑は浅黄、灰紫は紅と灰の混色、淡橙は肌色 |
| V | ② | 名古屋大学図書館 | Jinko 291.038 N* | | |
| VI | ① | 岡山大学図書館 | 池田家T10-11* | 版元の朱印の印影はIII-①と同じ。 | これも安永定番の極彩色である。 |
| VI | ② | 住吉大社 | 御文庫乙Z11-25* | 浅野弥兵衛の奉納本。方格が縦横になるよう特殊な配置。 | これも安永定番の極彩色である。詳細は付1・付4参照。 |
| VI | ③ | 著者 | 蔵本* | | |
| VII | ① | 国立天文台 | 蔵本2776* | 写真では大島が張出す形で切り取られているように見える。 | ヤケが強く赤の退色が目立つ。彩色は安永定番である。 |
| VII | ② | 高萩市歴史民俗資料館（横山功氏寄託） | 高萩市指定339*『ゆずりは』2006.11; p.136図版 | 写真では大島が張り出して貼付けられている。 | 彩色は安永定番である。 |
| VII | ③ | 国立歴史民俗博物館 | 内田H-1736-10-38* | | 彩色は安永定番である。 |
| VII | ④ | 神戸市立博物館 | 南波83* | | 彩色は安永定番である。 |
| VII | ⑤ | 神戸市立博物館 | 神戸・秋岡17* | | 彩色は安永定番である。 |
| VII | ⑥ | 京都大学図書館 準貴重書室 | 05-84/全図/1/8・14634* | | 彩色は安永定番である。 |

| 版 | 番号 | 所蔵先 | 資料番号（図版） | 版 | 番号 | 所蔵先 | 資料番号（図版） |
|---|---|---|---|---|---|---|---|
| VIII | ① | 明治大学図書館 | 蘆田9-72-3* | XI | ① | 早稲田大学図書館 | ル11_01137*（刊記部分は欠損し補筆されている） |
| VIII | ② | 神戸市立博物館 | 南波80* | XII | ① | UBC | G7961 P2 1779b N3; Beans Add. 1779. 1 * |
| VIII | ③ | 高萩市歴史民俗資料館（横山功氏寄託） | 高萩市指定338 『ゆずりは』2006.11; p.136図版 | XIII | ① | 神戸市立博物館 | 神戸・秋岡15*(神戸市博「秋岡名品展」1989, no.56) |
| IX | ① | 国立歴史民俗博物館 | 歴博・秋岡H-110-8-68* | XIII | ② | 神戸市立博物館 | 神戸・秋岡16* |
| IX | ② | 国立歴史民俗博物館 | 内田H-1736-8-37* | XIII | ③ | 津市図書館 | 稲垣文庫 29MN-82* |
| IX | ③ | 富山県立図書館 | 291.03* | XIII | ④ | 横浜市立大学図書館 | 鮎沢コレクションWC-1/45* |
| IX | ④ | アメリカ議会図書館 | G7961.P2 1779. N3* | XIII | ⑤ | 著者 | 蔵本* |
| IX | ⑤ | 著者 | 蔵本*（図4） | XIII | ⑥ | 著者 | 蔵本* |
| IX | ⑥ | 著者 | 蔵本* | XIII | ⑦ | 国立国会図書館 | YR8-113 |
| IX | ⑦ | 龍谷大学図書館 | 秃氏文庫024.3/1399-W(日向の湊は虫損,減色版) | XIII | ⑧ | 明治大学図書館 | 蘆田9-72-4 |
| IX | ⑧ | 明治大学図書館 | 蘆田9-72-5 | XIII | ⑨ | 広島県立歴史博物館 | 守屋壽コレクション263 |
| IX | ⑨ | フランス国立図書館 | FRBNF40694491* | XIII | ⑩ | 神戸大学図書館 | 住田文庫5C-89 |
| X | ① | 神戸市立博物館 | ③南波81*（金田・上杉 2007，p. x-xi図版） | XIII | ⑪ | 市場 | 東京古典会H29(2017) |
| X | ② | 高萩市歴史民俗資料館（長久保和良氏寄託） | ③高萩市指定163*(『ゆずりは』2006. 11; p. 107図版) | XIII | ⑫ | 市場 | オンラインオークション(2018) |
| X | ③ | 明治大学図書館 | 蘆田9-72-2 | | | | |
| X | ④ | 名古屋大学情報言語 | 210.02 N | | | | |

XI-④は素刷りの白地図で緩んだ埋め木の位置特定がし易いため、改版過程の推定に有益である（図8-1参照）。

下北半島がとび口形のVII訂まではその特徴や彩色を併記したが、斧形となったVIII以降は省略した。大学附属図書館の「附属」の文字は省略させて戴いた。略称は付録（p.68）を参照されたい。

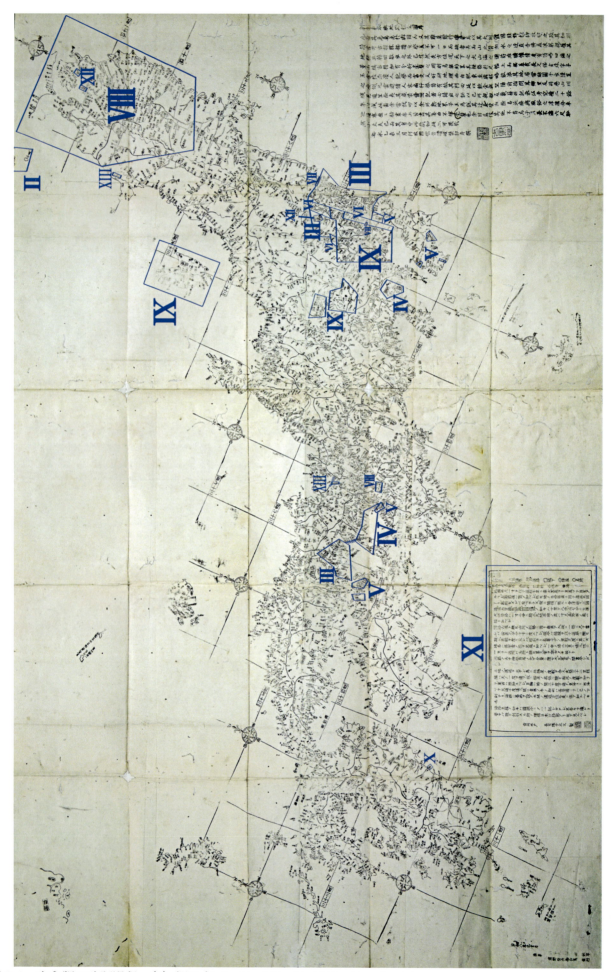

図 8-1　安永版の改訂過程　(1) 埋め木　十三訂の素摺り(神戸市博・秋岡 16)に青色で図形化して示す。ローマ数字は改訂の数次。

初版(神戸市博・南波79)　　　　　　　　Ⅱ訂(著者):大島・小島の追加

Ⅶ訂(国立天文台):恐山の追加　　　　　　Ⅷ訂(神戸市博・南波80)
　　　　　　　　　　　　　　　　　　　　①下北半島が斧型　②本州北端と蝦夷の全修正

Ⅻ訂(UBC):夏泊になり，恐山が移動　　　ⅩⅢ訂(著者):八郎潟の記入

copyright 2015, Rare Books and Special Collections at
the University of British Columbia Library.

図 8-2 安永版の改訂過程　(2)本州の北端部

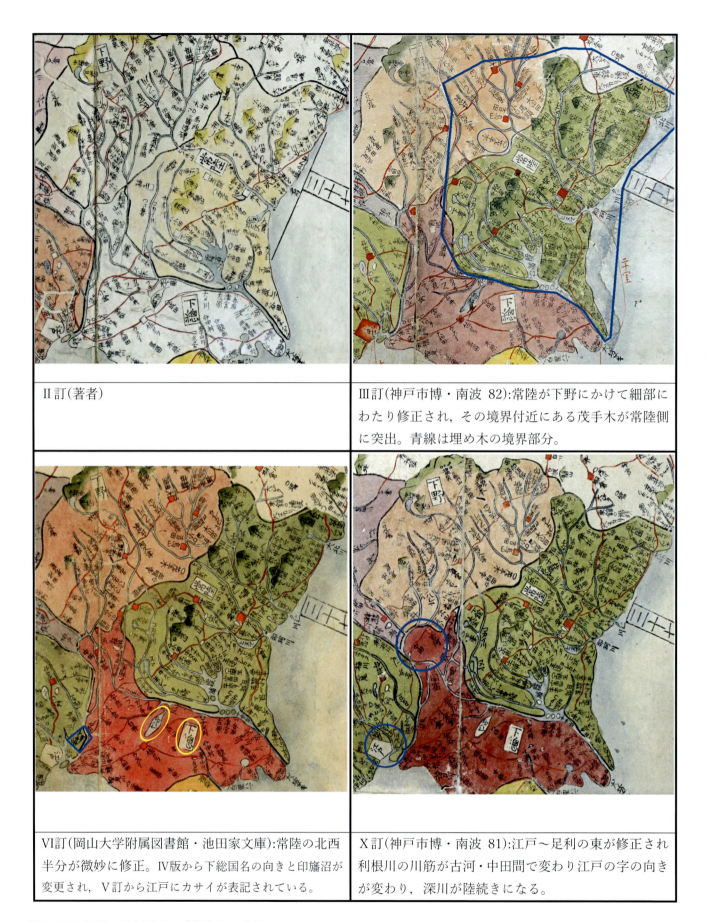

図 8-3 安永版の改訂過程 (3)関東の東部

初版(神戸市博・南波79)

Ⅴ訂(Ⅵ訂の池田家で代用)：屋島が陸続きになり，ストク井ン陵の加筆，藤井寺～堺の修正(青)。
Ⅲ訂では播磨西部～備前東部(赤)，Ⅳ訂では摂津沿岸部や淡路北部(黄)が修正される。

Ⅷ訂(神戸市博・秋岡15)：右上の若狭と丹波の国境の修正(青)。
Ⅷ訂では奈良付近の地名(黄)が修正されている

図 8-4 安永版の改訂過程 (4)瀬戸内の東部など

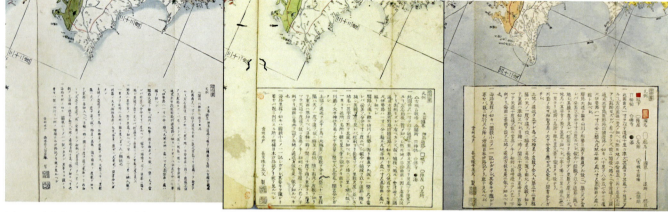

図 8-5 安永版の改訂過程 　(5)凡例　　左:Ⅸ訂(著者)　　中:ⅩⅠ訂(早大図)　　右:寛政初版(神戸市博・南波 95[参考])
　寛政版の凡例では，国名□　群名〇　群界・・・が追加されている。また，関所は△に点だが，文化二軒版からは▲に変更される。四国南端の足摺岬付近全体は安永版から描き替えられて突出している。ⅩⅠ訂以降の凡例の 4 行目「地ノ平俭」は険の誤り。

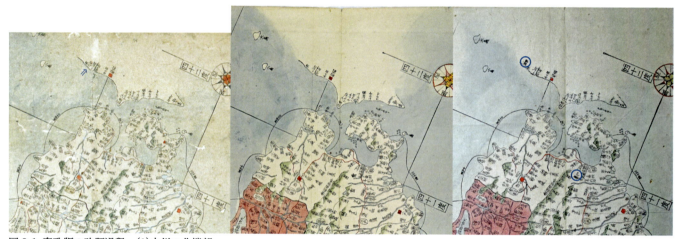

図 9-1 寛政版の改訂過程　 (1)本州の北端部
左:寛政初刷(試作版:高萩市歴史民俗資料館蔵[長久保甫氏寄贈])江指は手書　中:寛政初版(神戸市博・南波 95)　右:寛政四訂(著者)

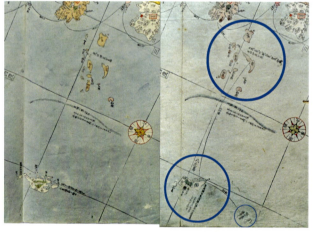

図 9-2 寛政版の改訂過程　 (2) 伊豆諸島
左:寛政二訂(神戸市博・南波 96)　右:寛政四訂(著者)

図 9-3 寛政版の改訂過程
(3)三河の碧海と美濃南端
左:寛政初版(神戸市博・南波 95)
中:寛政二訂(神戸市博・南波 96)
右:寛政四訂(著者)

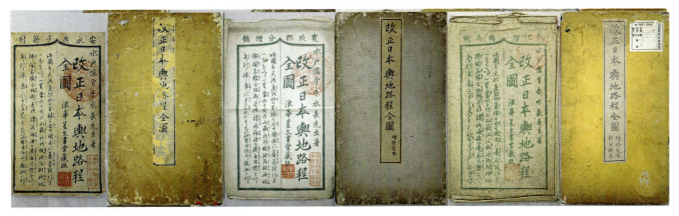

**図 10-1 袋と表紙** 左から安永 8(1779)年初版Ⅶ訂の袋(秋岡 17)と表紙(南波 83)，寛政 3(1791)年初版の袋と表紙（南波 95），文化 8(1811)年東西六軒版の袋(秋岡 21)と東西二軒版の表紙(南波 99) すべて神戸市立博物館蔵

　安永初版で元表紙を確認できたのはⅦ訂からであるが，28。5x17cmで，天保版に至るまで大きさに変化は認めない。多くは鞠や菊花模様のエンボスの入った黄表紙だが，南波の寛政初期版(初版 95 と二訂 96)ではともに縮緬模様の薄い鼠色の紙が使われていた。表紙には寛政版以降「増修定本」とあるが，文化版や天保版にも「新分郡界」も付け加えられており，その後も修正があるのだろうと期待してしまう。

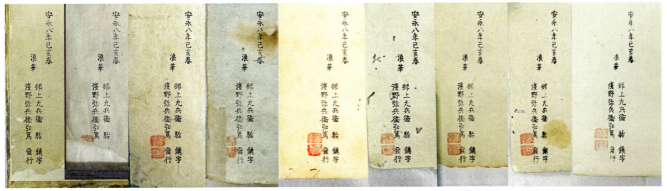

**図 10-2 安永初版の刊記** 左から安永 8(1779)年初版の初刷①(南波 79)，初刷②(赤水顕彰会蔵)，Ⅱ訂(著者蔵)，Ⅲ訂(南波 82)，Ⅵ訂(池田家)，Ⅶ訂(南波 83)，Ⅷ訂(南波 80)，Ⅹ訂(南波 81)，ⅩⅢ訂(秋岡 15)

　初刷②以降，弘篤の印影はあまり変わっていないようである

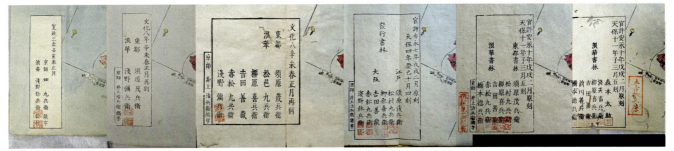

**図 10-3 寛政版以降の刊記** 左から寛政 3 年初版(南波 95)，文化 8 年二軒版(南波 99) 文化 8 年六軒版(著者蔵)，天保 4 年版(著者蔵)，天保 11 年東西六軒版(著者蔵) 同大坂六軒版(南波 125) 南波は神戸市立博物館蔵

　版の彫師は安永の村上九兵衛以外すべて京都在住で，寛政は同じ九兵衛ながら畑となり，文化版以後は井上治兵衛となっている。版元は浅野弥兵衛が中心となっていたが，天保 11 年の両版では外れて同じ藤屋の橋本徳兵衛に主役が替わっている。それ以外のメンバーは文化版以降変わっていない。長久保光明氏も指摘されているように(長久保 1969，p.37)天保 11 年版は 2 種ともに「官許安永十年・・・」とあるが，七年の誤りである。左端の寛政初版の印は弘篤とも影■とも異なり住田文庫 5C-278 重鐫日本輿地全図と同一。文化 8 年二軒版は影■。

## 補足

　国文学研究資料館のウェブ上の日本古典籍総合目録データベースで「日本輿地路程全図」を検索すると 2017 年 7 月末現在，公的機関の所蔵本は 55 件が確認できるが，内訳は安永 8 年版 5 点，寛政 3 年版 14 点，文化 8 年版 11 点，天保 4 年版 5 点，同 11 年版 2 点，次章で述べる模倣版の弘化元年版 1 点，同 3 年版 3 点，元治 2 年版 5 点，無刊記弘化版 4 点，無刊記海賊版(?)1 点，他は詳細不明であった。未登録のものも多いので注意されたい。

## 付 1. 住吉大社所蔵の奉納本にみる赤水図

享保 8 年以後，大坂・京都・江戸の本屋仲間(現代の出版組合)が住吉大社に新刊本を奉納して祈願したのが住吉大社御文庫(おぶんこ)である。その中には，浅野弥兵衛によって奉納された赤水図の初版である安永本(目録番号乙 11-25 番[乙とは近代に定められた甲の特別貴重書に次ぐ貴重書とのこと]右図)が存在する。この図はこれまで研究者間では知られていなかったらしく，紙面は縦 126×横 115cm で，意外にも方格が縦横に位置取られた特殊な配置であり，柴野栗山の序・刊記・凡例などは墨入れをせずに省かれ，配置上，朝鮮も欠落している。上品で豊かな彩色がなされ(付 4.参照)，他のⅢ・Ⅳ訂でも見られるように海が青く塗られている。国の塗分けは安永定番の彩色で，この奉納本が製作された頃には手本ができていたと考えられる。

この図の表紙は絹張りの布表紙で，さらに題箋も綾目模様の入った絹布に刷られている(左図)。このように贅を尽くして製作された特装本であるが，基になっているのは六訂版であり，その奉納日は不明ながら，初刷りからある程度修正が加えられた段階で奉納されたと思われる。左下には肉筆で浅野の署名と捺印があり，縦横の方格は浅野のこだわりと思われ，次章の重鐫日本輿地全圖につながるものである。

この他に寛政版(同 115 番)は後版の第四訂，文化版と天保 8 年版は大変良い刷りで恐らく初刷が箱入りで保存されていた。文化 8 年版(同 116 番)は刊記に「春正月再刻」とあるが，この箱書きによると同年 8 月に東西二軒版を浅野弥兵衛が奉納し，天保 4 年版(同 乙 15-6 番)は「十月四刻」とあるが，翌年 8 月に大坂の書肆 5 軒が名を連ねて奉納している。これは毎年 1 回，御文庫講に属す書肆が揃って参詣しその年の出版本を奉納する習慣があって，それが 8 月であるためであるらしい。その事実に倣えば，安永版は同 9 年 9 月が江戸での発売であったのであれば(注 11 参照)，あるいは安永 10 年 8 月に奉納されたのかも知れず，1 年ほどで六訂までと頻繁な改訂が続けられた可能性があろう。寛政版についても刊記の「寛政三年正月」から，同年か翌年の 8 月に四訂となっていたのかもしれない。

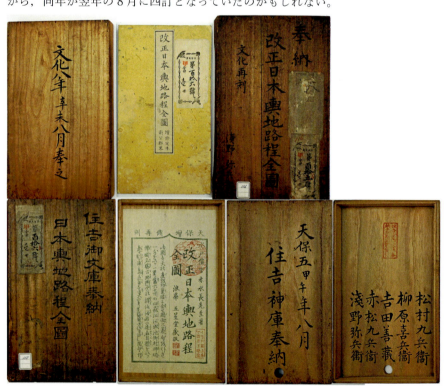

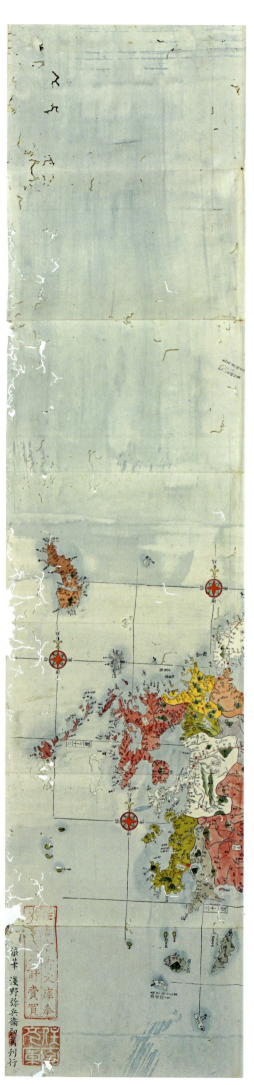

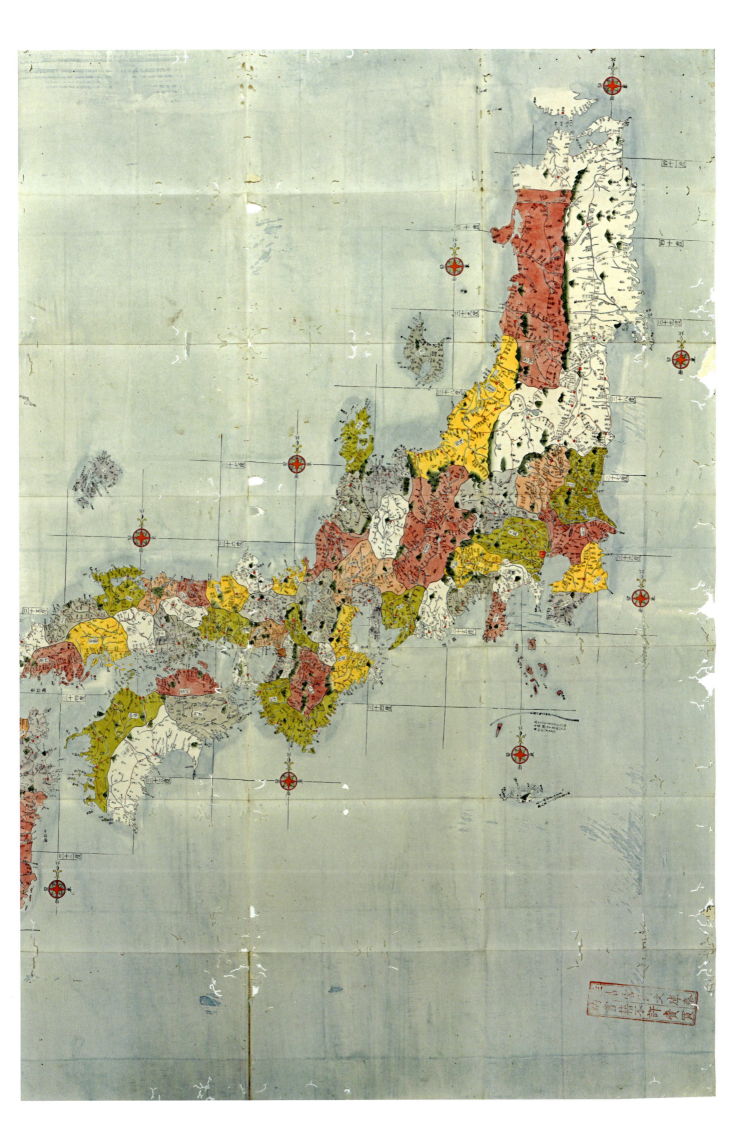

## 付2. 赤水図安永初版の改訂過程の一覧図表  詳細は本文参照。改訂ラインの右に新版, 左に低彩度画像があれば旧版。

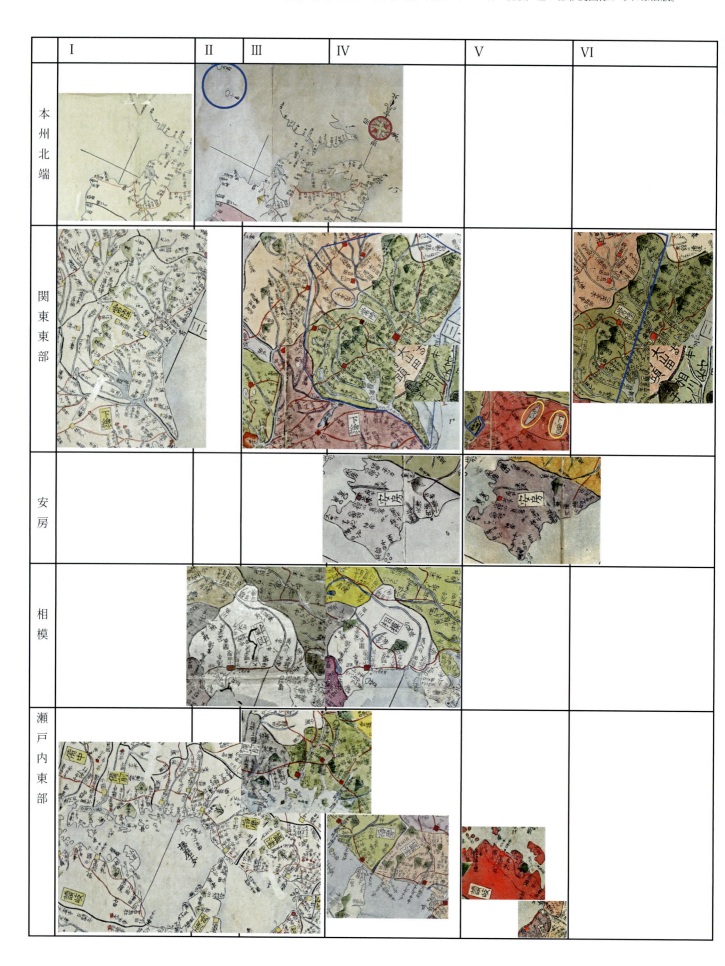

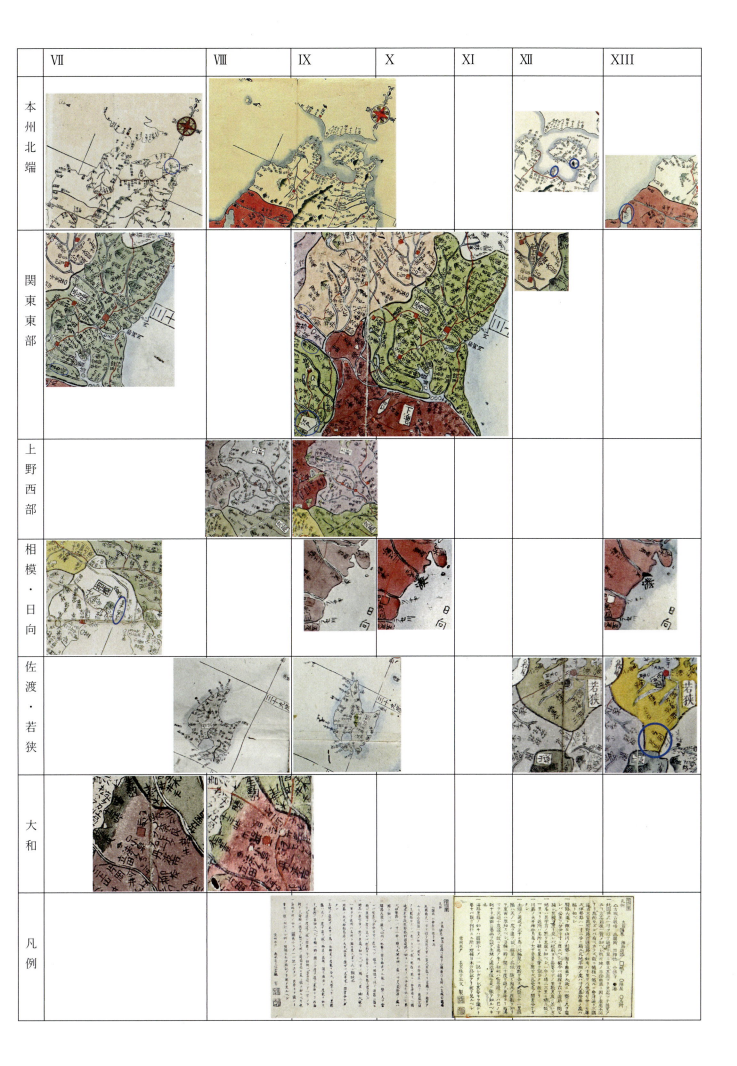

## 付3. 赤水図安永初版の改訂識別のためのフローチャート

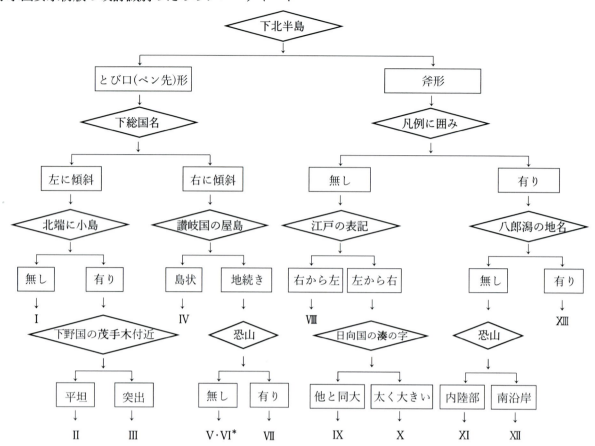

*Ⅴ・Ⅵ訂の差は常陸・下野国境界部付近の修正で，Ⅴ訂で常陸北部の版木に必ず欠損があるかは不明だが，多くの文字に字体の微妙な差が散見される。しいて言えば常陸国の北部，相川の右上にある大子の「大」の字の右肩にⅤ訂では川筋との間に斜線があるがⅥ訂では消されている。

## 付4. 赤水図の彩色における色名について

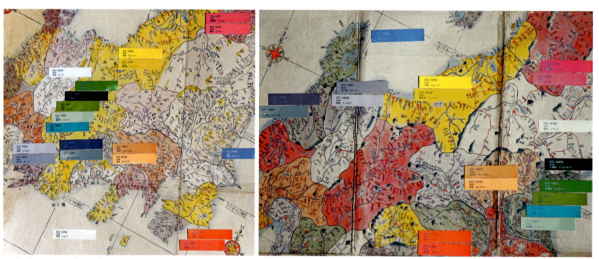

左　第Ⅱ訂
右　第Ⅸ訂
ともに著者蔵本に，「DICカラーガイド 日本の伝統色」のカラータグを添付したところ

　和名による色の表現については研究者の主観による差も少なからずありまた印刷物では色味が異なることもあるので，DICカラーガイド 日本の伝統色(第8版)(2010年，DICグラフィックス)と内田 広由紀「定本 和の色事典」(2014年第7刷，視覚デザイン研究所)を参照して選んだ最も近い色を下表に挙げる。個々の資料の保存状態や洗浄によって顔料が変化している場合もあるため注意を要する。黄味を帯びた鼠色との対比で灰色がより紫調にみえる。安永版後期では緑が緑青や灰緑の裏葉色に見える。

| 資料 | 参照 | 赤 | 黄 | 黄緑 | 淡い橙 | 灰紫 | 鼠色 | 海の青 | 山の緑 | 道の朱 |
|---|---|---|---|---|---|---|---|---|---|---|
| 著者蔵Ⅸ訂 | DIC | スオウ ベニ<br>薄蘇芳～薄紅 | タマゴ ウコン<br>卵色～鬱金色 | 草色 | クチナシ アンズ<br>赤支子～杏色 | ア ク<br>灰汁色 | ニビ<br>淡い鈍色か | ハナダ<br>縹色 | センザイミドリ<br>千歳緑～松葉色 | 朱色(～赤蘇芳) |
| 著者蔵Ⅸ訂 | 定本 | 蘇芳色 | 卵色 | ヤマバト<br>山鳩色 | 肌色 | ウスズミ<br>薄墨色 | ケシズミネズミ<br>消炭鼠 | 縹色 | 千歳緑 | 朱色 |
| 住吉大社蔵Ⅵ訂 | 定本 | 蘇芳色 | 卵色 | アサキ<br>浅黄色 | 肌色 | ハトバネズ<br>鳩羽鼠 | ケシズミネズミ<br>消炭鼠 | 縹色 | 千歳緑 | 朱色 |

# 第3章　赤水図の模倣版などについて

## 1.はじめに

　前章の赤水図[1]を範とした江戸後期の多数の日本図のうち，ここではその模倣版として便宜的に，元図の作者として赤水の名が入っており，かつサイズの違いなど一見して赤水図とは見かけが異なるものを扱うこととした。また，海賊版は正規版元の許可を得ずに販売目的で製作されたコピーで，赤水図に酷似するもので図中の赤水の名の有無は問わないこととした。ちなみに派生版としては，赤水図を基にさらに地図情報には新たな付加価値が追加されたもので，赤水の名の有無は問わないものとした。

## 2.模倣版

**(1) 重鐫日本輿地全図**(以下,重鐫) 天明 3(1783)年 10月 岸本彦右衛門刊字 星文堂浅野弥兵衛発行(図1-1)**希少度R-**[第1章注14]

　大きさ 54x53cm, 畳むと 19x11cm と小型の紙面に, 経線が縦になるようオリジナルの赤水図よりも日本は反時計回りに回転して描かれている。左上に柴野栗山の小序があり要約すると，赤水翁輿地図は精確であるが，旅や学窓では使いにくいので，縮小して馬上や燈前でも使えるようにしたとある。記載情報は赤水図安永版に基づくものの情報量は少なく，例えば武蔵国の地名数は安永版 86 に対し 27, 馬場(2001, pp.401, 405)によれば常陸国は安永版 130 に対し 27 である。

　じつは本図のレイアウトは，森幸安が宝暦4(1754)年に大坂で手書き制作した日本分野図(図 1-2　国立公文書館蔵)とほぼ同一である[2]。この図の地名は少なく，赤水はこれを「**橘守国図**」として，琉球や朝鮮の修正を除くと図形についてはほぼ忠実に同寸で書写している(図1-3)[3]。

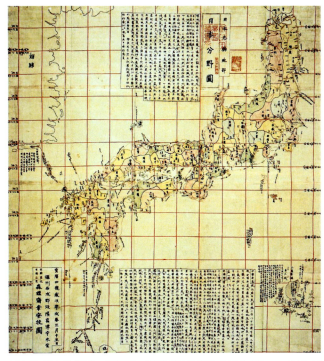

図1-2 日本分野図　森幸安　宝暦4(1754)年　102.5x95cm　手書　国立公文書館蔵

　幸安は南西諸島を奄美群島以遠まで描いていたが，重鐫では大隅諸島までででその南は省略されている。右下の小笠原諸島(無人島(むにんじま))が目に留まるが，これも一部省略はあるが幸安図がほぼそのままの形状で残され，島の形状はどちらかといえば橘守国図よりも日本分野図に近い。小笠原は赤水図の安永版では短い解説文しかなく，有名な林子平による無人島之図は天明五年刊なので重鐫が先行しておりこれとは図形も異

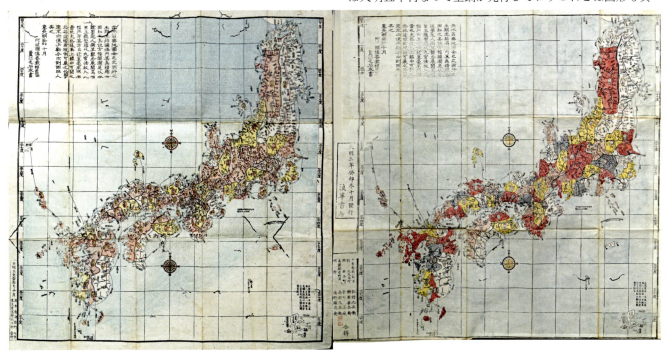

図1-1 重鐫日本輿地全図　著者蔵本
　左　浅野弥兵衛刊行　版面 51.5x49.8cm. 序の字に欠落があり，浅野の印がないので，後刷と思われる。この図の彩色は合羽刷り。
　右　大坂五軒合梓　版面 51.9x49.7cm. 松村・柳原・吉田・赤松・浅野のうち赤松九兵衛に印があるので，同書肆の販売のようだ。
「日本古地図集成」掲載図 no.59(歴博・秋岡 H110-8-80)は同一ながら5軒全てに印あり。この図は手彩色で美しい。やはり五彩で，赤・桃・黄・灰・白による色分けである。赤水図寛政版と同じ配色であることから，本図の販売年も同時期と考えられる。版は補修されていて，浅野版といずれが先行か確実ではないが，五軒版であることを考えればこちらが後刷かもしれない。

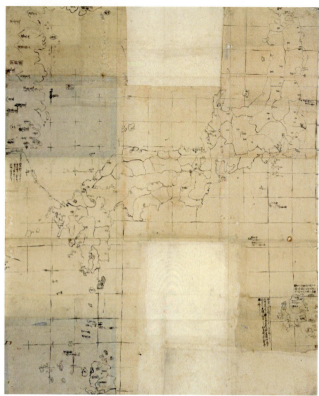

図 1-3 橘守国図　102x86cm　高萩市歴史民俗資料館蔵

なる。海野(2003, pp.525-526)によれば，延宝3(1675)年の幕府派遣による島谷市左衛門らの無人島探検の成果が盛り込まれたものとされる。八丈島の南西四十八里に瓢タン島が描かれこれも日本分野図に由来し一説では八丈小島らしい。

さらに，赤水図における赤水のこだわりは忘れ去られ，本図とその模倣版のすべてでコンパスローズの位置は京都と無関係になっており，本図では図の正中に置かれている。

馬場(2001, p397)は「赤水の許可のもとに赤水の生前に製作されたもの」を前期模倣版と呼んでおり，本図をこれに含めている。たしかに赤水存命中の版であるが，この制作に赤水がどの程度関与したかは不明とされる。前述の栗山の小序には「曾生応聖縮スルニ九宮ノ法ヲ以テシ尺幅ノ内ニ収入ス」とあって，これは浅野弥兵衛の縁戚で儒者の曾谷応聖が縮図し配置したという意味であり，海野(2003, pp.525-526)によれば，彼は篆刻を得意とし「今の『教科書体』に近い端正な書風…この図の筆跡を見てみると，明らかに曾谷応聖のそれ」とされ，浅野弥兵衛が企画し応聖が製作に関わったものを赤水が黙認しただけかもしれないとされる。

ただし，重鐫では北端は日本分野図などに一致しているが京都の緯度が35度の北から南へと下げられ，隠岐の向きが60度ほど反時計回りになり，能登半島や足摺崎などはさらに外方に突出しているなど，重要な点で赤水図安永版に類似した修正が細部に認められる。佐渡や恐山の位置からは安永版八訂がベースになっているようである。

ここで重要なのが赤水の手書きとされる「日本(略)図」の存在で，66cm角は重鐫よりやや大振りで犬吠埼の張り出しは足らないが，追加されたコンパスローズの位置を検討した様で，赤水による重鐫の草稿，すなわち重鐫も赤水が相応に関与した日本図である可能性が高そうである。

浅野の思惑は，日本分野図のフォーマットでその4つ折ほどのコンパクトな地図が欲しいが，すでに幸安(1701-没年不

図 1-4 日本(略)図　図67x66cm　高萩市歴史民俗資料館蔵

詳)は他界しており，赤水のネームバリューを活用したのであろう。この日本図は赤水図の亜型ではあるが，むしろ日本分野図に赤水図の情報を部分的に盛り込んだ折衷的な日本図と考えられる。

神戸市立博物館(以下，神戸市博)には図の上に藍刷で「寛政庚申(12)五彩新鐫」と追加された版(南波93)があるが，地図自体は天明版で図1-1(左)と同様の刊記もあり，同図に4色の合羽刷りが加えられただけの様である。

### 付．銅鐫日本輿地全図・細図　　希少度 R〜RR

弘化4年ごろには玄々堂らにより銅版で30cm角ほどの日本図が刊行されるようになる(図 1-3〜7)。これらの図では日本のみならず小笠原諸島も重鐫日本輿地全図に基づいていると考えられ，同系統としてここに挙げておく。ただし，この銅版図に赤水の名の記載は無く，重鐫の派生版と位置付けられる。

図 1-5 銅鐫日本輿地細図(①)　　希少度 R

タイトルは題箋による。大きさ33x30cmで重鐫日本輿地全図に富士山眺望の図がつけられ，刊記は無い。この刊本は繊細な刷りで手彩色。

図 1-6 銅鑴日本輿地全景(②) ①と同大 手彩色　　　希少度 R
　コンパスローズの上に北を示すためユリ型の飾りがつけられているのが図中では唯一の違いで刷りの状態からはこちらのほうが後版。下の欄外に初代の玄々堂・松本安居の蘭字名が付け加えられているが、やはり刊記はない。南波152, 歴博秋岡 H110-8-98 も同じ

図 1-7 銅鑴日本輿地全景(③)で 39x36.5cm 日本三景の図　希少度 R
　これは一回り大きく、左欄外の下方の静嘉主人蔵は①②と共通している。神戸市博の南波氏蔵本には「弘化四丁未四月　静嘉主人撰　本町三丁目書林和泉屋善兵衛発行」とあるものが 3 点あり、その 1 つ(南波149)には袋があり、銅鑴日本輿地全図　誠格堂發行　改板」と記載。この図の刷りは銅版としては一般的に悪く、著者蔵本のインクはセピア調で、国名や山などにわずかに手彩色あり。南波 148 は同じセピア、南波 147・149・150, 歴博秋岡 H110-8-99 は墨刷らしい。

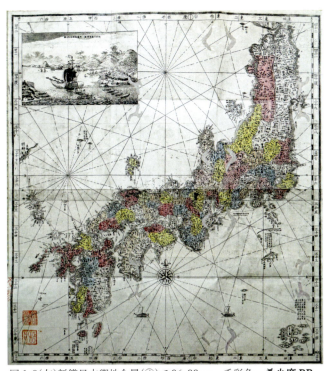

図 1-8(左)新鑴日本輿地全景(④)で 36x33cm, 手彩色　希少度 RR
　「肥前之国長崎湊　阿蘭陀船出帆之図」が描かれるが、これが小さいのでコンパスローズの位置を上に変更しようとしたが結局描かなかったようだ。下の朱印に MATEMOTO とあるので玄々堂系統である。これは稀で神戸市博・南波153(緑表紙に同題)が知られる。

図 1-9 銅鑴日本輿地図の各の表紙　左から①11.6x7.8④11.4x9.0② 16.8x6.7③19.7x8.3cm この順で刊行されたかもしれない。著者蔵本 ③の表紙は南波 151 と同一で、同 147〜150 も装丁は類似。

### (2) 改正日本図系統

#### ①大日本改正図[4](図 2-1)　無刊記　希少度 R+

　この図は経線のない日本図の最初のもので、無刊記のため版元の浅野弥兵衛の関与は不明である。対馬などの形状は赤水図の安永版に類似し、佐渡と下北半島を見ると安永 7 訂の可能性も考えられるが 1 つ残るコンパスローズに注目すると、その原図はやはり浅野の重鑴日本輿地全図であり、小笠原を省き赤水図のレイアウトで再配置すると日本はぴたりと重なり(図 2-2)、おそらくかぶせ彫りで製作されたのであろう。この配置にすることで重鑴よりも紙面はコンパクトに仕上がるわけである。地名は顕らかに増補され武蔵国の地名数は 34 である。経線を省略した理由は定かではない。緯線は正確に定められるが、経線は暫定的なものであったためコンパスローズの位置共々軽視されたのかもしれない。忠敬堂古地図目録 29 号に本図で**文化 10 年**購入とされるものあり。

図 2-1　大日本改正図(①A)　版面 40.5x55cm　神戸市博蔵(秋岡56)
外題に上記記載あり。右下に分彩標目として五畿内・七街道・外国の別に青・赤・黄・白・紅・萌黄・紫・樺色・鼠色の 9 色が挙げられている。手彩色で退色していることが多いが，これはよく残っている方である。本図には右下にエチゴ下今町鳴鶴堂の黒印が押してあるが，これは版元というよりも販売店の様だ。南波129 は 2x4 折(題箋欠)。

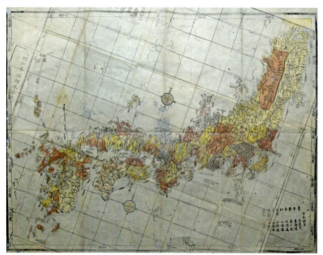

図 2-2　重鐫日本輿地全図(五軒版)と大日本国改正図(著者蔵)の半透過像の重ね合せ　アウトラインは一致するので重ね彫りだろう。

これに酷似しさらに小型(紙面 29x42cm，図は約 2/3)で刊記もなく題も不明な地図刊本(①B)が著者蔵本と古河歴史博物館の鷹見家歴史資料にある。重鐫からの流れを考えれば，

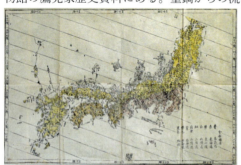

図 2-3　小型版(①B)著者蔵本

こちらは後の海賊版と考えられる。朝鮮の図柄が異なり，地名も埋め尽くされてはいるがサイズのため数は減じる。重鐫で八丈島から百余里とされていた無人島(小笠原諸島)は，大日本改正図で八丈から 48 里の瓢箪島から百余里と誤っていたが，この小型版では 52 里に正されている。

②**改正日本図**　五采分国(外題)　文化8(1811)年 7 月　希少度R+
浅野弥兵衛 (図2-4)
　馬場(2001,p.397)はこれを赤水図の前期模倣版としている

が，赤水没後の版である。この日本図は，①の大日本改正図を利用して，対馬・朝鮮への弧を消去し浅野が自らの刊記を付して赤水図の新たな携帯版として刊行したものである。このように考えると①の製作に関しても浅野と深い関連がありそうに思える。
　この図から五彩分国という言葉が使われるが，赤・黄・萌黄・薄茶に近似した四色が用いられるのみである。

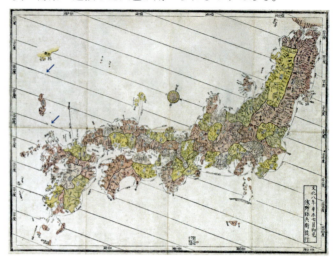

図 2-4　改正日本図(②)　文化 8 年　浅野弥兵衛　版面 40.5x54.5cm
対馬の上下で航路の線を削除した欠損が認められる(2 つの矢印)。分彩標目は刊記に変えられている。手彩色で五采分国と謳われているが，4 色しか使われていないようである。著者，南波 127 など。

③**改正日本図**　文化 8 年　　　　　　　　　　　希少度R+
松村九兵衛・柳原喜兵衛・吉田善蔵・赤松九兵衛・浅野弥兵衛[5](図2-5)

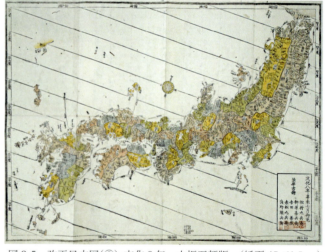

図 2-5　改正日本図(③)　文化 8 年　大坂五軒版　(紙面 45x61.5cm)
神戸市立博物館蔵(南波 128) 4 色の手彩色だが②とはやや異なる。

④**天保再鐫改正日本図**　天保8(1838)年　　希少度R-
浪華書舗　(A 訂)松村九兵衛または(B 訂)浅井吉兵衛[6]・柳原喜兵衛・吉田善蔵・赤松九兵衛・浅野弥兵衛・橋本徳兵衛　(図2-6)
刊記に「文化八年七月御免　天保八年九月再刻」，B の袋に「水戸赤水長先生製　五采分色分国郡界　阪府書林　五星堂合梓行」とあり(図 2-8)，五星堂とは重鐫や改正日本図文化 8 年版を刊行した松村・柳原・吉田・赤松・浅野の五軒と推測され，天保 8 年版にも五軒版があったのかも知れない。文化版の後継版だが，天保版から緯線が付加され改版されている。この方格はほぼ 4cm 角で重鐫と一致する。

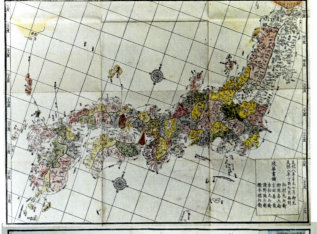

図 2-6 天保再鐫改正日本図(④:上 A 訂 a 下 B 訂)天保 8 年 大坂六軒版 版面 38.5x54cm 全て著者蔵本　A 訂 a は手彩、A 訂 b と B 訂は色刷。刊記枠上縁の欠損などからすべて同一の版木で、版の摩耗と伊豆諸島南東の罫線の破損などから Aa→Ab→B。Aa は表紙欠(南波 128 も)、Ab には全版元の印がある。B は黄・桃・青の三色刷で Ab は灰が加わり、海と川に青、重ね刷りの赤茶・緑色で五〜六彩、これに地の白を加えて国を色分ける。右下欄外に安政 5 年 8 月購入とあり、大坂版は長く販売された。

⑤**再鐫改正日本図**　天保 8 年東都書舗合梓版(図 2-7)**希少度 R**

図 2-7 紙面 41.5x 56cm この a(南波 131)は 2.5x4 折、b(著者蔵)は 2x6 折で外題(角書に天保再版 図 2-9)、他に右に枠付解説があり刷色の違う版あり

⑥**天保再鐫改正日本図**　天保 14(1844)年 9 月三刻 **希少度 R-**

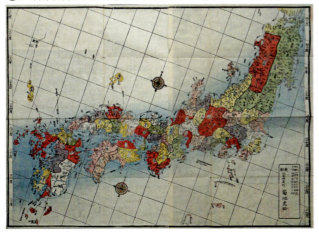

図 2-8 天保再鐫改正日本図(⑥) 天保 14 年版 東都 菊地虎松 東都版の改版　版面 38.3x54cm　著者蔵本
天保 8 年の大坂六軒版とも東都書舗合梓版とも版は異なる。

図 2-9 改正日本図の袋と表紙
上段左から①(題箋に「大日本改正図」)②③,⑤a の表紙とその袋
　　すべて神戸市立博物館蔵
下段左から⑤b 表紙　④天保 8 年大坂版 B と⑥天保 14 年東都版の表紙と袋
　　すべて著者蔵本

### (3)弘化(縮小)版　改正日本輿地路程全図　希少度 U

　サイズは 65x98cm ほどで題箋ならびに内題が同名の地図が弘化年間に数種類刊行されている。これらは通常の赤水図と比較すると方格が 9.2cm(三寸)から 6cm(二寸)となり、2/3 に縮小されている(この二寸は文政 9(1826)年刊「校正日本輿地全図」(水戸 天来兼子 46x95cm)でも採用されているが、この図は比較的簡略で原図ではない)。題名も同一で図も赤水図に基づいていることから、馬場(2001, p.392)は「正式名称で合法的に刊行されている点は無視できない」として、これも赤水図に含めて論じている [7]。当初は大坂で刊行されたと従来から考えられていたが、それは再考すべきであることは後述する。江戸版の版元では須原屋茂兵衛を除けば天保期までのオリジナルの赤水図の版元は関わっていない。地名の情報量については、記載された武蔵国の地名数は寛政版で 137 に対し弘化版 90 だが、伊予松山付近はほとんど同数、馬場(2001, pp.401,405)によれば常陸国の地名は寛政版 140 に対し 70 と半減しているらしいので、地域差はあるが 3 割ほど削減されていると思われる。神戸市立博物館の南波 141 を除けば柴野栗山の安永 4 年 3 月の序はそのまま掲載されており、無刊記版ではこの年の刊とよく誤解されるが、実際ははるかに時代が下っている。凡例と潮汐考證は地図上部に逆さまに置かれ、郡名には寛政版以降と同様に小判型の囲みがあるが、凡例に続く解説文は大幅に省略されている。ただし、「長子玉著ス所ヨリ」とあり、後半の漢文では日本が南北に長く寒暖の差があり古来様々な呼称があったことが述べられているが、これが栗原の作であるかは不詳。末尾の赤水の名と印は削除されている。これらのことから、弘化版を赤水図に含めるべきか異論があり、弘化元年版はその版元 3 軒が赤水図に関わっていない。弘化 3 年版については「兵家紀聞(へいかきぶん)」[8] の著者栗原信充の自序に「列国を示すのに精密な赤水長子玉の日本図を縮小して添えたいが(50 年も前のもので)会見すべくもなく、童蒙塾氏の圖」と記載しているので、海賊版は言い過ぎとしてもサイズや情報量の違いから模倣版と位置付けるのが妥当であると思われる。すべて色刷。弘化三(1847)年版は東都六軒版で、弘化元(1845)年版は浪華三軒版である。

## ①A.弘化三年版・兵家紀聞附図 弘化2年序　希少度RRR

東都書肆 須原屋茂兵衛・岡田屋嘉七・泉屋市兵衛・山城屋佐兵衛・丸屋善兵衛・丁子屋平兵衛(文渓堂) 合梓　弘化三年三月刻成

　右下の序文(p.62 図3-13)は「日本輿地全図序・・・弘化二」で終わり不自然である。版木はその経緯線などの破損状態などからも①Bと同一で，版の状態が良いことからより早い刷りと考えられ，相模の国名は欠落していて恐らくこの版木の初版と考えられよう。丁子屋は兵家紀聞の主たる版元である。

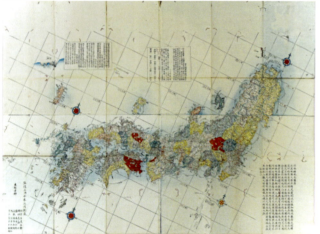

図3-1 神戸市立博物館・南波141(①A) この版はこれのみ知られる。
彩色は南波142と類似，尾張・山城は樺色で②系列では灰紫となる。

## ①B.弘化三年版　(図3-2・3)　希少度U〜C

　東都書肆は同じ。序文が安永4年3月柴野栗山の序と弘化3年4月栗原信充の序に替わる。相模の国名は埋め木で補填。

a. 題箋に兵家紀聞附図が残る。南波142が知られるのみ。
b. 題箋に兵家紀聞附図の角書はない(図3-9)。

　これは②A版と栗原信充の自序・刊記の内容は同一ながら，図中の地名を含めて，文字は微妙に異なり，例えば弘化の「化」の3画がこちらでは突き抜けている(図3-12)。地図自体も細部でわずかなズレを認める(図3-10・11)。版4枚の構成は②と同様で分割して刷られてから後で貼り合わされている。

　著者蔵本の一つには袋付きのものがあるが，それには万延二年(1861)に須原屋茂兵衛の店で販売されたと思われる印がある(図3-8)。また蘆田9-75-1には文久三(1863)年五月求之とある由。刊行後少なくとも十数年以上販売され続けていたようで，この図は弘化版では最もよく市場に出る。

・神戸市博2点(南波139・140)，早大図(ル1101151)・著者3点など

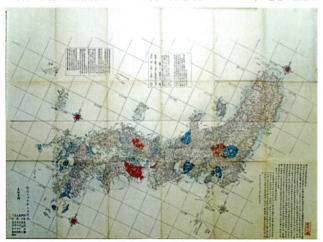

図3-2 弘化三年版・改正日本輿地路程全図(①Bb.早刷)　72x100 cm
著者蔵本 使用の顔料のためか発色が淡く退色しているものも多い。右下房総沖のコンパスローズの矢車の赤が影の部分にしか刷られていないことが確認した範囲で共通している。

図3-3 弘化三年版・改正日本輿地路程全図(①Bb.後刷)72.6x98.2 cm
著者蔵本 早刷分より色刷の彩度は上がるが発色が悪く，そのためか色分けも赤など混乱があるように見える。南波139は南波140の周防・筑後の樺色が黄色となり，尾張・山城は灰紫が地の白となる。

## ②A. 弘化三年第2版　(図3-4)　希少度RR+〜

　東都書肆は上記と同一。これは序文も地図も②Bと全く同図であるが，字体など細部が微妙に異なり別の版木である。例えば大阪ではなじみの薄い東北地方をみれば，秋田の地名に①に基づいたと思われる誤記がある(図3-14)。版は4枚で，左右50cmずつ，上部27cm，下部は26.5+11.2 cmの継版から成り，印面は下部のほうが広いが，紙面では上部に広い余白があってほぼ等分されている。この4枚を別刷りし，もともと印刷されている境界線で貼り合わせている。

　この特殊な弘化3年版も稀で，弘化3年版を20点以上見た中では現時点で下記の2点のみであった。

・早稲田大学図書館(以下，早大図;ル 11 00959)
・神戸市立博物館(秋岡42)

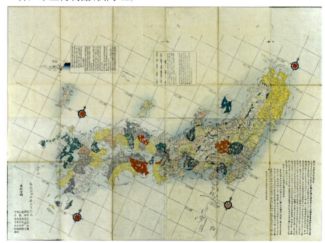

図3-4 神戸市立博物館・秋岡42(②A)

版の同一性の決め手は線の欠損状態であるが，②版では初期から(i)三十一度の緯線が九州の東で切れ目があり，(ii)三十二度は徳島の沖合に2か所，(iii)中央上部の凡例の囲み枠の左上にも欠損があってこれらは上記2点に共通する(図3-6)。

## ②B. 弘化元年版　(図3-5)　希少度R+

浪華書房 高橋治兵衛・都賀孝治郎・吉田兵助版　(図3-5)

　上述した線の欠損を比較するとこの②B版は弘化三年の②A版と同版である。版の継ぎ目も微小であるため，②B版も版の製作から比較的早い時期に刊行されたと思われる。とくに上述の(iv)北端の大島小島の西側の経線の欠損箇所は

②A[早大図と秋岡は同じ0]→②B[著者蔵1]→②C[著者蔵2]

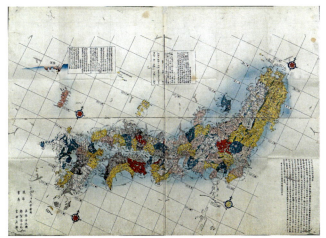

図 3-5 弘化元年版・改正日本輿地路程全図（②B）　70.5x97cm
著者蔵本

と増えていっており，(iii)の凡例囲み枠の右上部の欠損箇所は②Aで1，②B[著者蔵]で2，②Cでは多数認められている。

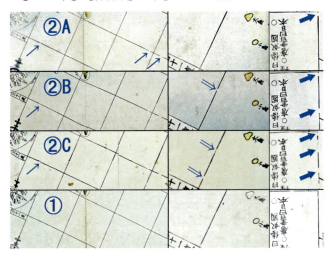

図 3-6 ②版での版毎の線の欠損（イタミ具合）の推移
左は九州・四国沖の(i)三十一・(ii)三十二度線，中は(iv)北東の端の大島小島の西の経線，右は(iii)凡例の囲み枠の右上部分を示し，上段から②A→B→C 版，再下段は参考に①版を示す（②A は早稲田大学図書館蔵，その他は著者蔵）。

この経緯を理解する仮説としては，恐らく江戸の版元が製作した①A版から兵家紀聞に合わせて序文などを手直しして①B訂が出来，この図を兵家紀聞の共同出版となっていた大坂の版元が複製して②A 版の版木が作られ，その一部は刊行された。しかしながら，何らかの事情で地図単独の刊行が目論まれ，栗原信充の自序を削り，あたかもこちらのほうがより早く版を製作していたかのように，弘化元年の新刻と表記し，②B 版として刊行した。その後に弘化元年では古臭いと思われるようになった時点で，その刊記も削除して②C 版として大坂方で刊行し続けた，という可能性が高そうである[9]。秋岡(1955,p.227)によれば，氏の所蔵本にあった②B 版の袋の記載に「水戸赤水長先生著摂陽魁春亭梅嶽縮図　浪華三星堂板」とあったらしく，前述の仮説と矛盾しないと思われる。

この版の彩色は②A と同様で，①よりも摺りの顔料の色彩は派手である。この弘化元年の年記のあるものは比較的少ない。神戸市博2点（秋岡 39・40），早大図（ル 11 00056），著者蔵など。コンパスローズは 3 つは赤だが右下の房総沖は i.赤と黄（秋岡 39）ii.黄と地の白（著者・秋岡 40）の 2 種があるが，佐渡の南を通る経線の 41 度北の部分の欠損状態からこの順と考えられる。

## ②C. 後刷無刊記版 （図 3-7）　　　　　希少度 U-

下部にある版の継ぎ目の広さなどの状態から，後刷と判る。この版の特徴は若狭・伊賀・志摩が赤色になっていること。著者蔵本や大英図書館蔵本では左下の薩摩沖のコンパスローズの彩色が欠落し，右上の海の青の彩色が下より広く，能登の上半分が誤って赤で刷られ，上部の余白は切り取られている。これはよく市場に出る。

・住田 5C-122（美麗な極彩色で丹表紙）は，版の状態も早大図の弘化三年版のル 11 00959 や弘化元年版ル 11 00056 に近く，刷りの順番は特定しづらいこともある。他は，蘆田 9-69，著者蔵 3 点など多数。

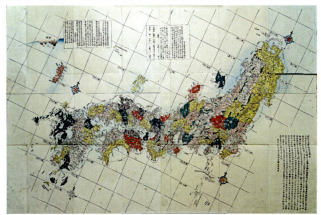

図 3-7 弘化無刊記版・改正日本輿地路程全図（②C）　65x96.5cm 著者蔵本　上部の余白が切り取られているため，3 つ折りでも表紙が 21x 15cm と小振りである。

図 3-8 弘化三年版①Bb 後刷の袋と表紙　著者蔵本
表紙は 24.3x16.6，袋は縦 24.0cm で「弘化新刻 東都 文寶堂・文渓堂 合梓」とある。下に「文渓堂発行記」の朱印。この裏に「辛酉 須」の販売用と思われる小判型印（縦 2.3cm，青丸。左上は拡大）がある。万延二年(1861)に須原屋茂兵衛の店で販売されたと思われる。

図 3-9 表紙　①A 南波 141　①Ba 南波 142　①Bb 南波 139　①Bb 南波 140　②A 秋岡 42　②B 秋岡 39　②B 秋岡 40
題箋に兵家紀聞附図

図 3-15 弘化無刊記版・改正日本輿地路程全図(②C)の袋と表紙
著者蔵本 「文寶堂・文渓堂 合梓」とある。袋は表紙よりもやや縦長なので取合いかもしれない。この袋によれば江戸の書肆二軒が版を作ったことになりそれは元々は事実であろうが，もともとあった「東都」の文字は消されている。

## 付．日本郡国一覧　　文久 2(1862)年　　　希少度 R+
## 　　新刻大日本全図　元治 2(1865)年　　　希少度 R-

　文久 2 年末に，赤水図の天保 11 年大坂六軒版と同じ大坂の版元の加賀屋(吉田)善蔵・藤屋(橋本)徳兵衛・伊丹屋(前川)善兵衛・河内屋(森本)太助・河内屋(浅井)吉兵衛・河内屋(柳原)喜兵衛に，江戸は弘化 3 年版の山城屋佐兵衛，京都の越後屋治兵衛を加えた 8 軒から，井上治兵衛の彫で**日本郡國一覧**(図 4-1)が刊行されている。このレイアウトは小型の改正日本図系統に似ているがそれよりも一回り大きい。

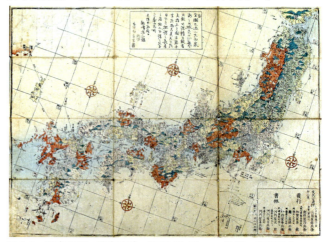

図 4-1　日本郡國一覧(改正)　版面 48x67cm，色刷　著者蔵本

　続いて元治 2 年刊行の**新刻大日本全図**(図 4-2)は弘化版の模倣版と位置付けられ，地図情報もこれに準拠している。

図 3-10 弘化版・改正日本輿地路程全図の関東地方
上段は①A(南波 141)，中段は①Bb，下段は②B　著者蔵本
　①と②で版が異なることや彩色の違いに注目。右に示す江戸付近の拡大では字体が明らかに異なる。①A には「相模」がない。

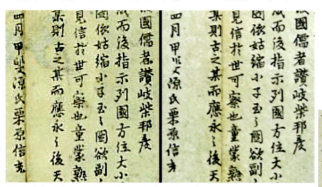

図 3-11 弘化三年版・改正日本輿地路程全図の栗原信充の自序(部分)
左は②A(早稲田大学図書館蔵)　右は①a(著者蔵)
　①と②で字体は類似するが一部の細部が異なる。①の信充の「充」の字が完全な刊本は管見の限りでは見たことがない。

（左）図 3-13 ①A 版(南波 141)の序
最終行「弘化二」は不自然に終わっている

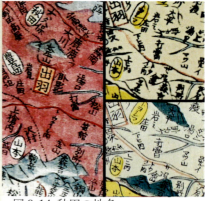

図 3-12 刊記の「弘化」の比較
左から①A，①Bb，②A，②B
　　南波 141，著者，秋岡 42，同 39
「化」のつくりの字体が①と②で異なる

図 3-14 秋田の地名
左 寛政版　右 弘化三年版　上 ①Bb
　　　　　　　　　　　　　下 ②A
①の打當は②では誤字，①サヽ沼は②サ沼

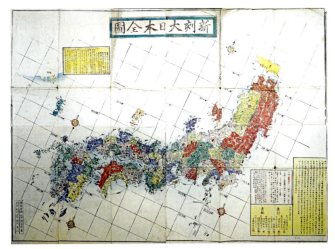

図4-2 新刻大日本全図　79.5x102cm，色刷　著者蔵本

この図が日本古典籍総合目録データベースで日本輿地路程全図の元治2年版とされるもの(p.49参照)であろう。

　松川半山の校正だが新刻日本輿地路程全図と題された柴野栗山の序も潮汐考證も，解説の部分省略も同様である。日本郡國一覧より大きめだがそれとほぼ同じ版元(越後屋は外れ，河内屋喜兵衛が美濃屋庄兵衛に入れ替わる)7軒の共同刊行である。

　赤水図版元の刊行のため，これらの図は必ずしも海賊版とはいえず，赤水の没後すでに60年以上経過して，もはや赤水の名を出さずとも日本図といえば赤水図という時代になっていたということだろう。

**(4) 増訂大日本国郡輿地路程全図　　　希少度C**

　模倣版は一般的に赤水図よりも小型であるが，より大型の版では嘉永5(1852)刊の江戸の鈴木驥園増訂による「増訂大日本国郡輿地路程全図」(図 4-3)が江戸の出雲寺萬次郎を中心として三都で出版されている。これには水戸・長赤水原図とあり，その名の通り国郡全図[10]などで得た情報を盛り込んだ模倣版の一種で，105×186cmと日本地図の刊本では大きな部類に属する[11]。

図4-3 増訂大日本国郡輿地路程全図　105×186cm，著者蔵本

### 3. その他の派生版

　その他の派生版では蝦夷の図像が追加されたものも多いが，日本図の部分の地誌情報はしばしば省略されており，紙面の関係で割愛する。朝鮮と琉球まで含めたものでは文化13(1816)年の「**大日本接壌三国之全図**」(図 4-4)がある。この初版には尾陽の文操閣・史好舎の刊記があるが，じつは石川屋治兵衛が嘉永6(1853)年に尾張で刊行されたように見せかけて大坂で無許可出版し，咎められて売止めとなったが，後

図4-4 大日本接壌三国之全図　尾陽版　51x71cm，色刷　著者蔵本

に浪華書林・其由堂・旭榮堂の名を入れ直して再販したのだそうである[12]。この日本図の地名の情報量はさらに減らされており，赤水の名は無い。

　明治の世に至るまで，赤水図は日本地図の標準として受容され，多数の模倣版・派生版が刊行された。

### 4. 海賊版

　ここでは版権者の許可を得ていない同時代の赤水図の粗悪な写しと考えられるものを挙げる。

**(1)日本輿地路程全図・無刊記　希少度S**

　この図(図5-1・2)は76〜79x115cmと小ぶりで薄手の紙に刷られ，体裁は縦4折，横12折で19x10cmに小さく畳まれて紙の青表紙に「日本輿地路程全図」という題箋が貼られている。

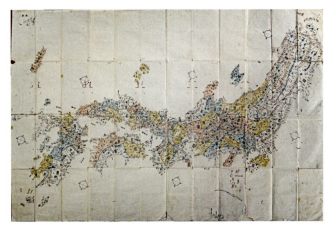

図5-1 日本輿地路程全図　76x115cm　色刷　著者蔵本

図5-2 日本輿地路程全図　76x115cm　色刷　神戸市立博物館蔵(南波88) 青色が褪色している。

この図にはコンパスローズはあるが経緯線は欠き、無刊記で題辞や解説文などもないため、この図が赤水によるものかどうか確実な根拠はない。よくよくみると各国の形状も微妙に異なっている。佐渡の傾きはこの図から安永8→寛政3年版まで順次反時計回りに変更されており、それらがわざわざ「改正-」と謳われている点からみればその先行版である可能性も思い浮かぶが、対馬・隠岐の形状など日本海側の島嶼部や本州北端などの地形は、改正輿地路程全図の安永版とは相違があり、むしろ寛政版に酷似し、後述の安永六版以降に見られる「夏泊」などの地名がある。さらに青ヶ島が分離されていないことから寛政初版に基づいていると考えられるが、寛政版で郡名に加えられた小判型の囲みはなく地名も一部省略され武蔵の地名は57と少ない。以上から海賊版と考えるのが妥当だろう。海野(1972, 解説)も版の粗雑さと板表紙のものがあることから越後版[13]の可能性を指摘している。
・蘆田、歴博・秋岡(H-110-8-63素摺り・64・65、110-9-15)など
　神戸市立博物館蔵本(南波88; 図5-2)は、板表紙(図5-3)で題箋には「彩色・日本輿地路程全図」と赤字の角書がある。
　「大日本国全図」(図5-4)と題箋にある赤水図の模倣版はこの日本輿地路程全図と同一であるが、縦3折、横6折で表紙の32.5x20cmに合わせて余白を不自然に広げている。この図は赤水作とされる「喎蘭新訳地球全図・古今歴代中華地図」と林子平の2図の摸刻「朝鮮琉球全図」、松前藩作成図系の「蝦夷全図」とともに5点揃い、さらに「越後輿地図」を加え6点揃いで見いだされることもあり、秋岡(1955, p.224)によれば白軟紙に印刷されたものとされ、表紙のサイズはこれらと合わせたものと思われる。海野(1978, p.55)もこれらを海賊版としている。

　東京国立博物館の徳川宗敬氏の寄贈本にもこのセットの一部が含まれている。2015年の日本古書籍商協会主催国際稀覯本フェア弘南堂書店出品目録67番の元箱元題箋で「諸国輿地図」とある6冊揃は前述の5点に越後輿地図のセットで大日本国全図の表紙は南波87と同一で、これこそが越後版なのかもしれない。

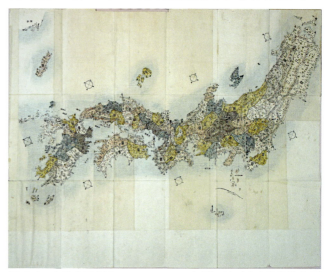

図5-4　大日本国全図　97x119.5cm　色刷　神戸市立博物館蔵(南波87)

**(2) 改正日本輿地路程全図・無刊記(海賊)版　希少度S**

　赤水図は大変好評だったためこのような無刊記の海賊版も登場する。紀伊半島沖のコンパスローズの位置からは文化8年版以降で、細部の状態からおそらく天保4年版を基にしている。この図には下段の凡例の囲みの末尾にあるべき赤水の二顆の陽刻印が欠落しているのが特徴である。市場にはよく出回っており、著者蔵本(図6-1)は無彩色の素摺りだが、東洋文庫蔵本(三-H-d-い-8)ではコンパスローズと都市などだけが赤で彩色され「改正日本輿地路程全図」という刷題箋が貼られている。

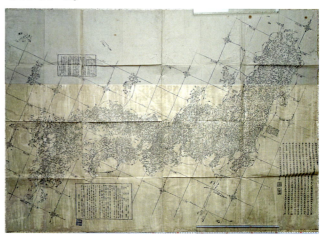

図6-1 改正日本輿地路程全図・無刊記版　素摺り　著者蔵本
下2/3に焼けが強いが、紙質は通常の和紙ではなく白軟紙か。

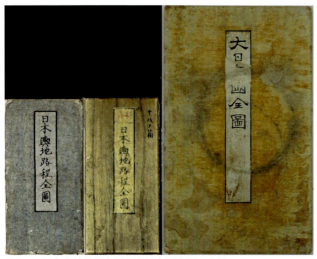

図5-3 日本輿地路程全図と大日本国全図の表紙
左の紙表紙は著者蔵本　中の板表紙と右は神戸市立博物館蔵

UBC 蔵本(G7961 P2 1779a N3 002_M; 図6-2)と EAL 蔵本( Ca12)は一部彩色されているが海賊版のためか発色はよくない。歴博・秋岡(H110-8-74)は，彩色は3色だがこれである可能性が高い。

図6-2 改正日本輿地路程全図・無刊記版 87 x 127.5 cm 手彩色 UBC 蔵本 Copyright 2015, Rare Books and Special Collections at the University of British Columbia Library.

江戸の板橋→戸?橋や伊予松山の南にあるコムラ川→ロムラ川など誤記も少なからず(図6-3・4)，校正前に彫師から流出した版という考え方もあるが，むしろ海賊版だろう。とくに伊予の部分では伊与の国名や島のユリの字体，さらに上野付近の道路の線の曲がり具合が，とくに天保4年版と類似しており，天保版のほうには戸橋やコムラの修正の跡は認められず，他の字体にも差がある。天保4年版には素摺りが比較的多く残っていることも鑑みれば，おそらくそれを基に江戸から離れたところで海賊版が作られていったのではないかと推測される。

図6-3 改正日本輿地路程全図・無刊記版の江戸近郊と伊予松山近郊 著者蔵本 江戸近郊は第2章の図7と比較されたい。

余談であるが，松山と伊予郡松前町の境を流れる河川名がコムラ川となっていることが以前から気にかかっている。古来，この川は宝川（石手川の前身）と伊予川（重信川の前身）と呼ばれていて，石手寺近くから流れる支流と南東の支流が合わさって海にそそいでいたが，慶長期に加藤嘉明が松山城下の整備にあたって治水のために家臣の足立重信に河川の付け替え工事を命じ，河口寄りの部分が重信川と呼ばれるようになった。伊予史談会にもお問合わせしたが，コムラ川と呼ばれていたという史料はなかなか確認できず，ようやく西尾市岩瀬文庫 寅-221 伊予国輿地全図（近世後期の写しとされる）に濱邑と川の間にコムラ邑の記載があった。ただし，これが赤水図に先行するかどうかは不明である。現時点では，赤水が初版の製作過程において，何らかの資料の字体が不良であったため，仮名のタカラ川をコムラ川とみたか，縦書きの「石手」の破損した字をカナのコムラと誤読した可能性を推測している。

石手川 コムラ川

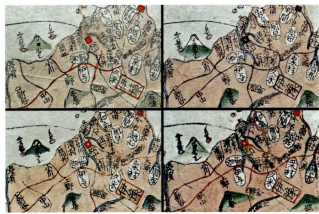

図6-4 改正日本輿地路程全図の伊予松山近郊。左上 寛政3年後版 右上 文化8年版 左下 天保4年版 右下 天保11年版 著者蔵本

伊予松山近郊にも情報の追加や修正はほとんど見られないが，赤線で描かれた道路が文化8年版から濱村と筒井の間に追加されている。字体などに微妙な差があり版は全て新たに彫り直されている。

## 5. まとめ

赤水図は市場を席巻したのでそれを基に様々なバリエーションや海賊版が作られた。赤水の名を冠した模倣版は携帯性に配慮して大きな赤水図を小型化したもので以下の(1)〜(3)があるが，(2)は(1)の亜流に位置付けられるので2系統と考えても良い。

(1)重鐫日本輿地全図は1783年の赤水存命中に浅野弥兵衛が刊行した50cm角の小型図で，レイアウトは森幸安の日本分野図をモデルとし緯線が水平となるよう縦横の方格に従って配置され小笠原諸島が右下隅にある。赤水図の要素としては地名を格段に増やし安永初版の八訂に基づいて細部の地形を修正してあり，「日本(略)図」の存在から赤水の関与が考えられる。1848年ごろ玄々堂が銅版で30cm角の同内容の日本図を刊行するがこれには富士山や長崎港などの風景画が彫られている。

(2)改正日本図は浅野弥兵衛が1811年に刊行した40x55cmの小型図で経線が省略された風変わりな図だが，重鐫日本輿地全図が原図でレイアウトは赤水図に合わせ地名も増やしている。コンパクトなことから好評だったようで後に経線を入れて幾度も再版され最もロングセラーであった。

(3)弘化版・改正日本輿地路程全図は，おそらく栗原の兵家紀聞という武家歴史書に添付するために制作されたが，書籍の刊行の遅れから地図単独で販売された可能性がある。2種の版木①②があり，①は江戸で先行して製作され，②はそれを大阪で複製したものらしく，当初は栗原の序があり，②Aは1847年の年記と江戸の版元の刊記がつけられていたが，②Bはその序を削り1845年の年記と大坂の版元の刊記で刊行され，後

に②Cは刊記が削られていることが、版の地名の誤記や線の破損状況から分かった。この図は赤水図の寛政版に類似しているが情報量とサイズは3割ほど減らされ、省略された解説文の中に赤水の名の言及はある。

明らかな海賊版は2種あり、日本興地路程全図は無刊記で寛政初版に類似するが郡名に小判型の囲みはなく地名も少なく彫りも粗雑で発色も悪い。改正日本興地路程全図の無刊記版は天保4年版の写しだろうが、解説末尾の赤水の2つの印が無く随所に誤記があり、これも発色が悪い。

## 注

1 赤水図(赤水日本図)とは、前章で述べたように改正日本興地路程全図の外題を付され、安永8年から天保11年にかけて5回にわたり刊行された長久保赤水の制作による小縮尺の編集日本地図で、ほぼ83x134cmの大きさを有し、図形の正確さ・豊富な地名と道路の記入、経緯線に相当する方格があることが特徴とされる。

2 日本分野図は海野(1972)のno.29,pp.62-63参照。

3 橘守国図は上杉和央(2010)のp.58に掲載。また同氏の2009-10年の研究成果報告書「長久保赤水旧蔵資料についての検討」では紙面85.7×102㎝とされる。

4 神戸市立博物館の秋岡56や南波129、著者にも蔵品あり

5 これは秋岡(1955)には記載されていないが、重鎬日本興地全図と同一の版元による大坂五軒版で、赤水図の模倣版刊行の経緯を知る上で興味深い。

6 松村が加わるA訂(神戸市博・南波130や著者蔵)は手彩色で文化版同様のため先行版、浅井に替わるB訂は色刷で後版。浅野以外のすべての版元が赤水図の天保11年版のいずれかの刊行に関与している。後に主導権は浅野から橋本に移譲されるのでこの天保8年改正日本図は浅野弥兵衛が手掛けられた最後の日本図かもしれない。ただしこの浅野弥兵衛の名跡は60年の経過と印形から弘篤の2代以上後の者と思われる。

7 弘化元年版については「取扱い書肆名や地図の大きさからやや異質であり、・・(筆者省略)・・海賊版に分類される可能性が高い・・・解明は今後の課題」としている。

8 弘化4年春刊。この版元は文渓堂・丁子屋平兵衛版だが、江戸は須原屋茂兵衛から丁子屋まで11軒、大坂も河内屋が二軒含まれている。ただし、栗原の序文は4年前になる天保14年12月に書かれている。栗原信充は晩年の柴野栗山に儒学を学んでいる。

9 天保13年の水野忠邦の改革では出版統制令とともに、物価の高止まりを防ぐため地本問屋仲間(版元の組合)も含めた多くの株仲間(同業者組合)が解散させられた。大阪図書出版業組合の昭和11年発行による「享保以後 大阪出版書籍目録」によると、天保13年5月から嘉永4年12月にかけては、大坂の書林仲間は停止のためこの9年間の出版記録を欠く、とのこと。江戸でも同様であったため、出版物の許認可

に関する資料の確認は困難である。

10 国郡全図は市川東谿[青生元宣]が文政11年に序を記し尾張にて上下二冊で出版(見返しに芸亭蔵梓)した刊本で、天保8(1837)年に東壁堂・永楽屋東四郎が大坂の河内屋喜兵衛・江戸の須原屋茂兵衛らと共同で大々的に再版している。日本図を分割した国毎の地図帳で、自序と凡例に諸国の図形は「赤水先生日本路程全圖」に倣っていると記している。ただし地名数ははるかに多い。一枚摺りの日本図では詳細さに限界があるので、見開きを1国としているが、縮尺は国毎に異なっている。

11 増訂大日本国郡興地路程全図に先行して嘉永2年に高柴英三雄が江戸の蔦屋吉蔵版で「大日本国郡興地全図」72.5x146cmを刊行している。タイトルに「路程」の字は無く、赤水の模倣版の一種と考えるが、方格が斜めに入るものの図形は赤水図を東西に縮めたような形状で国境や地名にも差があり赤水の名前もなく、鈴木の図とも別物である。

横幅が7尺(約210cm)を超える印刷された刊本の日本図は稀で、「図説日本古地図コレクション」(三好唯義・小野田一幸共著、2004年; 河出書房新社)の『大きな日本図・小さな日本図』(小野田、p.122-123)によれば、逸見豊次郎の「増訂日本興地全図」(嘉永2[1849]年)が最大とされ、約137x237cmでさらに上下に蝦夷と八丈島が鰭紙で貼付され大きな紙面には地名がびっしりと書き込まれ、二梅木凝之の序文中には「長子玉地図」の記載がある。鳥飼洞斎の「大日本細見指掌全図(改正増選)」(文化5[1808]年)は約137x228cmでこれに次ぐが、版元には藤屋[浅野]弥兵衛も含まれ、筱茫道の撰、小唐山人(鳥飼洞斎のこと)の識があるものの赤水の名前は見当たらない。両図ともに木版で赤水図がベースとなり斜めの方格が入っているが、前者の八丈島は寛政最終訂のように青ヶ島が離されているが、後者では安永版と類似している。「増訂大日本国郡興地路程全図」も明治4年の再刻では、松浦武四郎の北辺図を右端に配して105x231cm、さらに右に樺太の35x47㎝の鰭紙が付くので横幅では一枚仕立の日本図では最大級であろう。

12 名古屋市博物館1983年「日本の地図-古地図に見る文化史」展図録p.84-85の記述による。

13 海野(1972,解説p.29)に掲載の解説24図の注釈によると、「日本興地路程全図は版刻や刷りの技術が拙劣で板表紙を付しているところを見ると、あるいは越後版かも知れない」とされ、たしかに板表紙のものはときどき見かけられる。いわゆる越後版とは、越後国図の刊本と一緒に伝わるものがあるためこのように呼ばれるようだ。

## 参考文献

秋岡武次郎 1955、『日本地図史』ミュージアム図書、1997復刊
上杉和央 2010、地図史における森幸安の再布置、歴史地理学 52−1 (248) pp.56-68.
上杉和央 2015.『地図から読む江戸時代』筑摩書房.
海野一隆・織田武雄・室賀信夫 1972.『日本古地図大成』講談社
海野一隆 1978、橋本宗吉世界図の異版・偽版・模倣版、『月刊古地図研究百号記念論集』、pp.49-59. 日本地図資料協会 編
海野一隆 2003、『嗬蘭新訳地球全図』における参照資料、『東西地図文化交渉史研究』、pp.504-534、清文堂.(初出 『日本洋学史の研究Ⅶ』1985年)
長久保光明 1969、長久保赤水の日本地図編纂について、地図 7-3 pp.32-40

## Derivative and Pirated Version of "Kaisei Nihon Yochi Rotei Zenzu (Sekisui-zu)"

Keywords: Kaisei Nihon Yochi Rotei Zenzu, Sekisui Nagakubo, derivative version, pirated version, woodblock printing map

There are many derivative or pirated versions of 'Kaisei Nihon Yochi Rotei Zenzu', traditionally referred to as 'Sekisui-zu'.

(1) The *Jūsen (or Chōsen) Nihon Yochi Zenzu* map was published by Yahei Asano (the main publisher of Sekisui-zu) in 1783, during Sekisui's lifetime. It can be folded down into 19x11 cm despite being 50 cm when spread out, and was thus made to be portable. The shape and layout of Japan depicted was based on *Nihon Bunya Zu* (a 100 cm square manuscript map by Kōan Mori) as the lines of latitude is horizontal and the Ogasawara islands are located in the bottom right-hand corner. Considering the size of the map, the large number of place names (while still being less than in Sekisui-zu) is particularly notable. Some geographical modifications suggest Asano's map was based on the eighth revision of the first edition of Sekisui-zu, originally published in 1779. Sekisui himself was probably involved in its making. Many copperplate-engraved versions of this map featuring illustrations of Mt. Fuji or Nagasaki harbour, etc., were published by 'Gengendo' from c.1848 onwards, and are also assumed to have been pirated.

(2) The *Kaisei Nihon Zu* map, measuring 40 x 55 cm and curiously printed without any meridian markings, was also published by Yahei Asano, in 1811. While the shape of Japan in this map is identical to that in Jūsen Nihon Yochi Zenzu, Japan is laid at a slightly skewed angle, like in Sekisui-zu. Some place names have also been added and the Ogasawara islands omitted. This pocketable map was so popular when it was first released that two more editions, with meridians, were published in 1838 and 1844. The 1838 map was the last map of Japan published by Asano.

(3) The *Kaisei Nihon Yochi Rotei Zenzu* maps, edited *in the Kōka period* (1845-48), were made as supplements to *Heika Kibun*, a history of samurai warriors written by Nobumitsu Kurihara published in 1848.

As the publishing of Heika Kibun itself was so delayed, the map seems to have been sold earlier, first in 1847 in Edo. The publishing history of these maps is, however, complicated. The 1847 edition (the first edition, ①A version) was printed in Edo and ①B version with Kurihara's preface subsequently, whereas another 1847 edition (the second edition, ②A version) was made after the ①B in Osaka. Interestingly, by checking the condition of the maps (like breaks in the printed lines, for example), we can see the 1845 edition (B state of the second edition; ②B version), published in Osaka without Kurihara's preface, was made using the same woodblock from the 1847 edition (②A version), which was published with his preface. This means that the 1845 edition was actually printed after the 1847 edition. It is possible that the date of the 1845 edition could be incorrect, but the reason why is unclear. Another version (②C) without a date was also printed using the same woodblock from the ②B, by carving out the date and publishers' names. As the prefaces of all of these editions and versions are dated 1775, the publishing date of ②C is often mistaken. All of the Kaisei Nihon Yochi Rotei Zenzu maps of Kōka edition look similar to each other and, based on the third revision of the Kansei (second) edition of Sekisui-zu, but the size and number of place names in them are diminished by two-thirds of Sekisui-zu. These maps only refer to Sekisui by name and omit his name-seals.

There are two apparently pirated editions of Sekisui-zu. The first, *Nihon Yochi Rotei Zenzu*, printed without a publisher's name and date, has fewer place names than the original Sekisui-zu and is poorly engraved and coloured. This map seems to be based on the Kansei edition (1791). The second, Kaisei Nihon Yochi Rotei Zenzu printed without the publisher's name and date, does not have Sekisui's seal, is poorly coloured, and has many place-name errors. This map seems to be based on the 1834 edition of Sekisui-zu.

## 付録　資料所蔵先の略称リスト

(秋岡):秋岡著「日本地図史」に記載のある秋岡氏所蔵本

・歴博・秋岡: 国立民俗博物館・秋岡武次郎コレクション

・神戸・秋岡: 神戸市立博物館・秋岡武次郎コレクション

蘆田: 明治大学附属図書館・蘆田文庫

鮎澤: 横浜市立大学・鮎澤信太郎文庫

池田家: 岡山大学附属図書館・池田家文庫

内田: 国立歴史民俗博物館・内田寛一コレクション

狩野: 東北大学附属図書館・狩野文庫

京大図: 京都大学図書館機構

(南波): 秋岡著「日本地図史」に記載のある南波氏所蔵本

・南波: 神戸市立博物館・南波松太郎コレクション

室賀: 京都大学図書館機構・室賀コレクション

守屋: 広島県立歴史博物館・守屋壽コレクション

住田: 神戸大学附属図書館・住田文庫蔵本

早大図:早稲田大学図書館

EAL: カリフォルニア大学バークレー校東亜図書館

GSI: 国土地理院

NDL: 国立国会図書館

UBC: ブリティッシュコロンビア大学図書館(ビーンズ・コレクション)

## Appendix　I. List of Abbreviations of Location Names

Akioka: Akioka collection described in his *Nihon Chizushi,* 1955.

　-Akioka (S): is of the National Museum of Japanese History, Sakura

　-Akioka (K): is of the Kobe City Museum

Ashida: Ashida Bunko collection of the Meiji Univ. Library

Ayuzawa: Ayuzawa Shintaro Bunko collection of the Yokohama City Univ. Library

EAL: East Asian Library, Univ. of California (Berkeley)

GSI: Geospatial Information Authority of Japan

Ikedake: Ikeda Family Collection of the Okayama University Libraries

Kanō: Kanō Bunko collection of the Tohoku Univ. Library

KUL: the Kyoto University Library Network

Moriya: Moriya Hisashi collection of the Hiroshima Prefectural Museum of Japanese History, Fukuyama

Muroga: Muroga collection of the Kyoto Univ. Library

Namba: Namba collection described in Akioka's *Nihon Chizushi,* 1955.

　-Namba (K): of the Kobe City Museum

NDL: National Diet Library in Tokyo

Sumida: Sumida Maritime Materials Collection of the Kobe University Library

UBC: Beans Collection of (Rare Books and Special Collections at) the University of British Columbia Library

Uchida: Uchida collection of the National Museum of Japanese History, Sakura

WUL: Waseda University Library

## II. List of Japanese Edo Era Names

| | |
|---|---|
| Keichō period | (1596-1615) |
| Kan'ei period | (1624-45) |
| Kanbun period | (1662-66) |
| En'pō period | (1678-80) |
| Jōkyō period | (1684-88) |
| Genroku period | (1688-1704) |
| Shōtoku period | (1711-16) |
| Enkyō period | (1744-48) |
| Hōreki period | (1751-64) |
| An'ei period | (1772-81) |
| Kansei period | (1789-1801) |
| Bunka period | (1804-18) |
| Ten'pō period | (1831-45) |
| Kōka period | (1845-48) |

索引

[一般]

| | |
|---|---|
| 埋め木 | 7, 35-38, 40, 43, 44, 46 |
| 越後版 | 64, 66 |
| 駕籠絵 | 6, 12 |
| 顔料 | 36, 38, 39, 54, 60, 61 |
| 希少(性尺)度 | 8, 10, 12, 36-40, 55-64 |
| 京都所司代 | 8, 11 |
| 経緯線 | 33, 34, 37, 41, 64, 66 |
| 減色版 | 38, 39, 40, 41, 43 |
| 極彩色 | 35, 37-41, 43, 61 |
| 五彩[采]分国 | 37-40, 55, 58, 59 |
| コンパスローズ | 34, 36, 37, 39, 43, 56-58, 60, 61, 64 |
| 不知火 | 37 |
| 素摺り | 38-41, 43, 44, 64, 65 |
| 川筋 | 33, 36, 37, 46, 54 |
| 袋(地図の包み紙) | 35, 39, 49, 57-62 |
| 丹緑(本) | 12, 13 |
| 潮汐 | 9, 13, 37, 59, 62 |
| 道中図 | 6, 11 |
| とび口形 | 34-36, 41, 43, 54 |
| 凡例 | 6, 8, 34, 35, 37, 48 ,50, 53, 54 ,59, 60, 64, 66 |
| 屏風 | 5, 6, 11, 12, 14, 22 |
| 武鑑 | 5-7, 9, 11, 35 |
| 名所 | 6, 9, 11, 33, 34 |

[地図]　「図」と「圖」、「国」と「國」は共通とする

| | |
|---|---|
| 家光枕屏風日本図 | 5, 14 |
| 江戸図鑑綱目 | 7, 9, 13 |
| 改正日本図(系統) | 57-59, 62, 65 |
| 喎蘭新訳地球全図 | 64, 66 |
| 弘化(縮小)版(改正日本輿地路程全図) | |
| | 42, 49, 59-62, 65, 66 |
| 改製扶桑(日本)分里図 | 34 |
| 寛永日本図 | 12 |
| 行基(図) | 5, 7, 11, 13 |
| 慶長日本図 | 12 |
| 再鐫改正日本圖 | 58, 59 |
| 拾芥抄 | 5, 11, 13 |
| 重鐫日本輿地全圖 | 50, 55-58, 65, 66 |
| 新改日本大絵図 | 5, 12, 14 |
| 新刻大日本全図 | 62, 63 |
| 新撰大日本図鑑 | 5, 6, 14 |
| 新板日本国大絵図 | 5,6-9, 11, 12, 15-17, 41 |
| 新鐫日本輿地全景 | 57 |

| | |
|---|---|
| 赤水図(改正日本輿地路程全図) | 2, 9, 11, 33-54, 55-66 |
| 増訂大日本国郡輿地路程全図 | 63, 66 |
| 大日本国図[國圖] | 5, 11, 13 |
| 大日本国大絵図 | 9, 10, 20, 21 |
| 大日本国改正図 | 58 |
| 大日本国郡輿地全図 | 66 |
| 大日本正統図(鑑) | 7, 8 |
| 大日本接壤三国之全図 | 63 |
| 橘守国図 | 34, 55, 56 |
| 天保再鐫改正日本圖 | 59 |
| 銅鐫日本輿地全図(細図・全景) | 56,57 |
| 唐土歴代州郡沿革地図 | 41 |
| 南瞻部洲大日本国正統図 | 5, 7, 11 |
| 日本海山潮陸図(系統) | 7-12, 17-19, 33 |
| 日本郡國一覧 | 62 |
| 日本山海図道大全 | 2, 9, 10, 13, 18, 19 |
| 日本大遍道図 | 6, 16 |
| 日本帝国図 | 11, 20 |
| 日本分野図 | 34, 41, 55, 56, 65, 66 |
| 日本輿地路程全図 | 63, 64 |
| 万国総界図 | 9 |
| 扶桑国之図 | 5, 6, 12, 14 |
| 本朝図鑑綱目 | 5-9, 11-13, 15-18 |
| 流宣日本図 | 5, 6, 8, 11, 13, 33 |
| 流宣大型日本図 | 9, 11. 21 |

[和本]

| | |
|---|---|
| 国郡全図 | 63, 66 |
| 東奥紀行 | 37, 41 |
| 兵家紀聞(へいかきぶん) | 60, 61, 65 |

[地名]

| | |
|---|---|
| 碧海(三河) | 38, 39, 48 |
| 伊豆諸島(八丈島) | 37, 39-41, 48, 56 |
| 伊勢(神宮) | 8, 9, 11, 21, 33 |
| 板橋(江戸) | 65 |
| 夷狭 | 5, 6 |
| 伊予 | 7, 9, 34, 59, 65 |
| 蝦夷(嶋) | 7, 8, 25, 27, 36, 39, 45, 63, 64 |
| 江戸 | 9,13,18,22,35-37,39,40,46,50,54,59-62,65,66 |
| 小笠原(諸島)(無人島[むにんじま]) | 55-57, 65 |
| 恐山 | 35, 37, 45, 54, 56 |
| 大島・小島 | 36, 43, 45, 54, 60 |
| 韓唐 | 6, 7, 12, 25, 31 |
| 木曽街道 | 6, 7, 12, 31 |

69

| | |
|---|---|
| 九州 | 5, 60 |
| 古河 | 34, 37, 46 |
| 五畿内 | 6, 15, 25, 58 |
| コムラ川 | 34, 65 |
| 佐渡(島) | 35, 37, 53, 56, 57, 64 |
| 四国 | 8, 12, 35-37, 48, 60 |
| 七街道 | 5, 6, 25, 58 |
| 下北半島 | 34-37, 40, 41, 43, 45, 54, 57 |
| 住吉(神社) | 34, 36, 50 |
| 瀬戸内 | 35, 36, 40, 47, 52 |
| 朝鮮国 | 5, 7, 25 |
| 対馬 | 34, 36, 37, 57, 58, 64 |
| 東海道 | 5-7, 9, 17, 18, 25, 27 |
| 東山道 | 6, 9, 12, 25, 27 |
| 夏泊 | 34, 35, 37, 41, 64 |
| 能登(半島) | 5, 34, 56, 61 |
| 八郎潟 | 37, 45, 54 |
| 常陸(国) | 36, 37, 41, 46, 54, 55, 59 |
| 本州 | 5, 6, 34, 37, 40, 45, 48, 52, 53, 64 |
| 松前 | 6-8, 15, 16, 24, 27, 31, 36, 65 |
| 武蔵(国) | 7, 9, 36, 41, 55, 57, 59, 64 |
| 茂手木 | 34, 36, 46, 54 |
| 屋島 | 34, 36, 47, 54 |
| 羅列國[羅利國] | 5, 6, 7, 12, 25, 31 |
| 琉球 | 6, 7, 25, 55, 63, 64 |

[所蔵先など]

| | |
|---|---|
| アメリカ議会図書館 | 10, 12, 43 |
| カリフォルニア大学バークレー校東亜図書館(EAL) | |
| | 10, 12, 68 |
| 神戸市立博物館 | 8, 10,11, 13,14, 16, 20, 33, 38, 39, |
| | 43,44, 46, 48,49, 56-60, 62-64,66,68 |
| 国立歴史民俗博物館 | 2,8,10,13,38-40, 43,64,65,68 |
| 大英図書館 | 8, 10, 61 |
| 高萩市歴史民俗資料館 | 33, 34, 41, 43 |
| シーボルト・コレクション | 6, 8, 10, 12, 43 |

| | |
|---|---|
| ブリティッシュコロンビア大学図書館(UBC) | |
| | 8, 10, 12, 16, 17, 31, 39, 43, 65, 68 |
| ライデン大学図書館 | 6, 39, 43 |

[人名]

| | |
|---|---|
| 秋岡(武次郎) | 5-8, 10-13, 35, 38-42, 44-49, 58, 60, 64-66, 68 |
| 浅野弥兵衛 | 33,35,37,39,41,43,49,50,55-58,65,66 |
| 出雲寺(和泉掾) | 9, 11, 21 |
| 板木屋(次郎衛門) | 6, 16 |
| 伊能(忠敬) | 33, 40 |
| 菊地虎松 | 59 |
| 木村蒹葭堂 | 41 |
| 栗原信充 | 59-62, 65, 66 |
| 相模屋(太兵衛) | 6-11, 15, 17-19, 21 |
| 柴野栗山(柴邦彦) | 35, 50, 55, 59, 60, 62, 66 |
| 鈴木驥園 | 63 |
| 鈴木玄淳 | 35, 41 |
| 須原屋茂兵衛 | 59-61, 66 |
| 曾谷応聖 | 56 |
| 橘守国 | 34, 41, 55, 56 |
| 丁子屋平兵衛 | 60, 61, 66 |
| 中林吉兵衛 | 6 |
| 南波(松太郎) | 10, 11, 13, 16, 28, 30, 38-41, 46, 48, 49, 56-59, 63, 64, 66, 68 |
| 橋本(藤屋)徳兵衛 | 49, 58, 62, 66 |
| 林子平 | 55 |
| 林氏(吉永) | 6-8, 15, 17 |
| 平野屋(善六) | 9, 20, 21 |
| 伏見屋 | 6, 14 |
| 松川半山 | 62 |
| 松本安居(玄々堂・静嘉主人) | 56, 57, 65 |
| 三井高堅(聴氷閣) | 12 |
| 森幸安 | 34, 55, 56, 65, 66 |
| 山口屋(権兵衛) | 7, 9-11, 20, 21 |
| レランド | 11, 20 |

# Indices

## [General Index]

| | |
|---|---|
| byōbu | 14, 18, 22-24, 30, 31 |
| cartouche | 27 |
| castle | 16, 22-25, 27, 30, 32 |
| cinnabar | 2, 25, 28, 31, 32 |
| colophon | 16, 21, 25-28, 31 |
| copperplate | 3, 20, 67 |

| | |
|---|---|
| feudal lord | 16, 23-25, 27, 28, 30-32 |
| hand-colour(-ed/-ing) | 14, 20, 23, 25, 26, 28, 30, 42 |
| implant | 42 |
| intaglio | 26-28 |
| kago-e | 25, 31 |
| koku | 25, 31 |
| Kyoto Shoshidai | 29, 32 |

| | |
|---|---|
| latitude | 42, 67 |
| manuscript | 14, 22, 24, 30-32, 42, 67 |
| palanquin | 27, 31 |
| pirated edition | 67 |
| postal station | 25, 27 |
| Rarity (Index) | 12, 31, 32 |
| ria [frilled] coastline | 24, 27, 30 |
| (fief's) rice (cultivation)- based income | 23-25, 27 |
| Tanryoku Bon | 32 |
| ukiyo-e | 23-25, 30 |
| volvelle | 21, 28, 32 |
| who's who | 23-25, 28, 30 |
| woodblock | 16, 21, 23, 24, 26-28, 31, 42, 67 |
| yashiki (palace) | 25, 27 |

## [Index of Maps]

| | |
|---|---|
| Bankoku Sokai Zu | 28 |
| Dainihonkoku Ōezu | 20, 21, 28, 29 |
| Dainihonkoku Zu | 13,23 |
| Dainihon Shōtō Zu(kan) | 26 |
| Edo Zukan Kōmoku | 26, 28 |
| Fusōkoku no Zu | 14, 23, 24, 31 |
| Honchō Zukan Kōmoku (HZK map) | 15-18,23-28,30,31 |
| Iemitsu's Makura Byōbu Nihon Zu | 23, 24, 31 |
| Jūsen (or Chōsen) Nihon Yochi Zenzu | 67 |
| Kaisei Nihon Yochi Rotei Zenzu [Sekisui-zu] | |
| | 2,30, 42, 67 |
| Kaisei Nihon Zu | 67 |
| Nansenbushū Dainihonkoku Shōtō Zu | 23, 25, 27, 31 |
| Nihon Bunya Zu | 67 |
| Nihon Daihendō Zu | 16, 24 |
| Nihon Kaisan Chōriku Zu (NKC map/family) | |
| | 17-19, 21, 26-30, 32 |
| Nihon Sankai Zudō Taizen | 2, 19, 28, 29 |
| Nihon Yochi Rotei Zenzu | 67 |
| Shinkai Nihon Ōezu | 14, 23 |
| Shinsen Dainihon Zukan | 14, 23, 24 |
| Shinpan Nihonkoku Ōezu (SNO map) | |
| | 15-17, 23-27, 30, 31 |

## [Index of books]

| | |
|---|---|
| Shūgaishō | 23 |
| Heika Kibun | 67 |

## [Index of place names]

| | |
|---|---|
| Edo | 17, 18, 22, 24-28, 32, 67 |
| Ezo(jima) | 25, 27 |
| Gokishichidō (Goki-shichidō) | 25, 27, 28 |
| Honshū | 24 |
| Ise (province) | 21, 28, 30 |
| Iteki | 16, 24, 27, 31 |
| Iyo (province) | 25, 27 |
| Izu (Islands) | 42 |
| Kantō | 25, 27, 31 |
| Kisokaidō (Tōzandō) | 25, 27, 31 |
| Korean peninsula | 24, 25 |
| Kyoto | 13, 23-26, 29, 31, 32, 68 |
| Matsumae | 15, 16, 24, 25, 27, 31 |
| Musashi (province) | 25, 27, 42 |
| Nagasaki | 28, 67 |
| Ogasawara islands | 24 |
| Osaka | 23, 28, 29, 32, 67 |
| Rasetsu-koku | 24, 25, 31 |
| Ryūkyū | 25 |
| Shikoku | 27 |
| Tōkaidō | 17, 18, 23, 25, 27 |
| Yamashio (province) | 13, 31 |

## [Index of Collections]

| | |
|---|---|
| Von Siebold Collection | 24, 29 |
| Beans Collection(UBC) | 12, 16, 17, 31, 39, 65, 68 |

## [Index of Names] (Japanese LAST NAME First name)

| | |
|---|---|
| AKIOKA (Takejiro) | 24, 29, 31, 32, 68 |
| Gyōki | 13, 23, 25, 30, 31 |
| HAYASHI Kichiei | 15, 17, 24, 26, 27 |
| HIRANOYA (Zenroku) | 20, 28, 29 |
| INO Tadataka | 42 |
| ISHIKAWA Ryūsen | 23-25, 28, 30, 32, 42 |
| ITAGIYA (Jirōeon) | 16, 24 |
| IZUMOJI (Izuminojo) | 21, 28-30 |
| KURIHARA Nobumitsu | 67 |
| MITSUI Takakata | 24, 32 |
| MORI Kōan | 67 |
| NAGAKUBO Sekisui | 30, 42, 67 |
| NAMBA (Matsutaro) | 24, 30, 68 |
| Reland, Adriaan | 11, 30 |
| SAGAMIYA Tahei | 15, 17-19, 24, 30 |
| TOKUGAWA | 18, 23, 25, 31, 32 |
| YAMAGUCHIYA (Gon'bei) | 20, 26, 28-30 |

# 第4刷のあとがき

おそらくこれが本書の最後の印刷となりそうですので，補足修正し一部を改訂致しました。主な修正点は

## 第1章
1.新板日本国大絵図(無刊記版)の異板の論考の追加
2.日本海山潮陸図 元禄3年版の拡大画像の追加
(日本語版のみ)

## 第2章
3.この2年間に確認した赤水図安永初版の資料追加
4.寛政二版の試作版は削除し改訂は五から四訂に変更

## 第3章
5.橘守国図および日本(略)図の画像の追加
6.重鐫日本興地全図には赤水が関与したとする論考
7.大日本改正図系のバリエーションの追加
8.弘化縮小版の刊行の経緯に関する再考察(当初とは①と②を入れ替えました。現②は弘化元年とされ一見先版のように見え，序文の字体も現②のほうが字体が細くかぶせ彫りの原則では太字のほうが後となるのですが，①→②の根拠としては現②の地名のほうに誤字があること，①の初版は相模の国名が未記載のままで後で直されていること，が挙げられます。)

最後に流宣図と赤水図の比較表を提示して筆を置きます。

| 特　徴 | 流　宣　大型　図 | 赤　水　図 |
|---|---|---|
| 大きさ | 畳　物 | 同高　幅は2割小さい |
| 日本の形状 | デフォルメ　東日本が短縮 | 正確 |
| 地名数 | 潮陸図元禄4年版約900 | 安永版2訂約4200-9訂4600,寛政版5952 |
| 先行図との差別化 | 陸路の宿場を強化　名所等絵図の装飾的な図示 | 都市や川筋の正確な配置　郡単位の詳細化(寛政版) |
| 武鑑的要素 | 藩主名・石高あり(頻繁に改訂) | なし |
| 里程 | 周囲の表　主要街道は図中に数値で記載 | 図形の縮尺で表示　一寸10里(1:130万) |
| 刊行時期 | 元禄3(1690)〜安永7以降 | 安永8(1779)〜天保11(1841) |
| 改版・改訂回数 | 改版なし・改訂42回以上 | 改版5回、改訂は安永版13回以上・寛政版4回以上・文化版2回・天保4年版1回・天保11年版2回 |
| まとめ | 芸術的・実用的な空想絵図 | 科学的かつ実用的な地図 |

## 第5刷のあとがき

第4刷では僅かな印刷時の不備があって追加印刷を見送ったため，今回改めての増刷となりました。この間に高萩市に所蔵される赤水資料が国の重要文化財に指定されたとのことでその記念誌となる長久保赤水顕彰会刊行の「長久保赤水と山本北山　〜漢詩論をめぐって〜」に寄稿させて戴きました。以下にその要点を引用させていただきます。

初版の改訂回数は依然12回で13訂を数えるままですが，9訂と13訂が圧倒的に多いので，これらが比較的長期間販売されたものと思われます。13訂は寛政版とのつなぎに位置するので刊行時期が長かったのは頷けますし，稿本と目される表紙の「自出羽・奥州至丹波・丹後、紀州図」はこの時期に製作されたものかもしれません。また現存する写本の多くは9訂で，この訂が一定の期間継続して刊行された理由についても気になるところです。また，シーボルトコレクションには東インド会社のイサーク・ティツィング由来の赤水図初版の第2訂があります。彼は1779年8月に来日し1780年3月に将軍に謁見したらしく，赤水図の実際の出版はその数か月後であることから，ティツィングは一度日本を離れたのち同年内に再来日し，1780年の後半頃に出回っていたと思われる第2訂を入手したのではないかと思われます。

赤水図の特徴については本文に既述していますが，ここではその要約と追加検討をお示しします。

(1) まず地形の精度について，伊能図も含めて比較したものを図1に示します。寛政第2版を利用し京都を起点に緯線を揃え，元の方格から北をすぼめて緯度補正をした地図では（中央右図：太線が赤水図，淡い線が現代の実測図），西日本の形状は良好ですが中部以遠は反時計回りに偏位しており，東日本を時計回りに11度ほど回転させやや東にシフトさせると比較的良好な一致を見ます（右下図）。ただし南関東の地形にはまだずれがあり東北の北端は寸詰まりとなっています。このほか，四国南端の足摺崎は南に突出し過ぎていてこれは安永初版よりも寛政第2版のほうが目立っています。また佐渡は70度ほど反時計回りに回転しています。編集図が測量図と比較して遜色があるのはやむを得ないところでしょうが，地形の連なりはよく再構成されているのは皆様よくご存じのところでしょう。あまり語られませんでしたが，私見ながら赤水図は川筋がきちんと描かれた最初の刊行日本図と言えるので，この点についても伊能図を含めて比較すると面白いのではないかと考えております。

(2) 地名数については前述のティツィング旧蔵本の地名番号から安永初版の第2訂では4200個以上とされますが，やはりティツィング旧蔵の第9訂で数え直したところ4551個，今後は初刷と第13訂を計数する必要があります。これに対し寛政第2版については若松健一前顕彰会会長の計数により5952個とされています。流宣大型日本図を計数したところでは終始900個ほどですから，赤水がいかに地名を充実させようとしていたかがわかります。

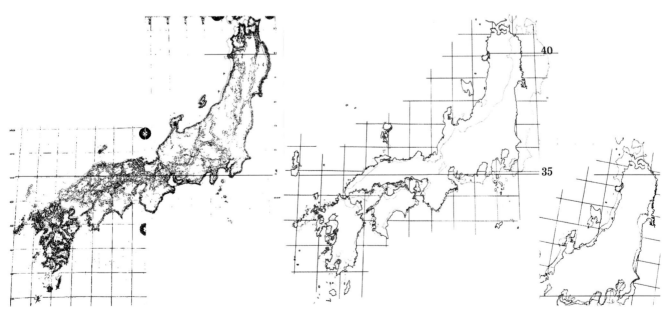

図1　赤水図・伊能図と現在の日本地図との比較
　左の太線が伊能図，これに重ねた淡い線が伊能図に合わせて緯度補正をした現代の測量に基づく日本地図で誤差は少ない。中央右の図の太線が赤水図の寛政第2版で，京都を通る中央経線を垂直として方格を緯度補正したもの。淡い測量図と比較すると相応のずれがある。そのため，右下の東日本図ではこの補正した赤水図を11度時計回りに回転し東にややずらしたが，この修正図では地形のずれは大いに軽減される。

(3)彩色については，初版では白を加えた 10 色が分国と山河に用いられ，はじめは試行錯誤がありましたが安永初版第 3 訂あたりから配色が定番化します。減色版を除く多色刷の寛政第 2 版では赤・淡橙・黄・灰紫と白の五彩が分国に用いられますが，配色は時々定番でないものがあります。赤水没後の文化 8 年の第 3 版からは配色が定着しますが，この先行版と考えられる東西二軒版は手彩色で，後版の東西六軒版からようやく色刷となります。

(4)赤水図の版木の構成については以前から疑問が残っておりました。従来の大型地図では，(a) 流宣大型日本図のように横長の版木を縦に数枚組んで大型の紙に一度に刷り上げる方法[p.9 の流宣大型日本図の版木構成の記載に誤りがあり，5 刷から訂正致しました]，(b) 赤水図の安永初版と寛政第 2 版の間に刊行されたとされる赤水の世界図の大図「地球万国山海輿地全図説」のように 4 分割された版木で 4 枚の紙にそれぞれ刷られたものを貼り合わせる方法，などが一般的で，他の方法としては (c) 一枚の大きな紙に見当を合わせながら小さな板木のパーツを部分毎に刷り重ねてゆく方法も考えられますが，版は上から押すのではなく版木に紙を重ねて刷る訳で，ずれないように工夫が必要です。特殊な方法として (d) 赤水の中国地図である「経天合地大清広輿図」は世界図大図と同じ時期の天明五年序刊ですが，これは資料によって部分的に僅差があるものの，省界を利用して切り出された 10 枚が貼り合わされており，各部分の版木は各 2〜3 個が継がれています。

赤水日本図の安永初版の版木構成は(a)に近いものの上記のいずれでもないと思われ，非常に大きな板木が使用されていたと考えられます。神戸市立博物館所蔵本(秋岡 16)の第 13 訂の素摺りが分かりやすいですが，この紙面は房総半島の中程で上下が継がれており，継ぎ手部分の墨付きが濃いことから，紙は先に継がれた一枚物を使用していることが分かります。版木の継ぎ目は唯一，九州の中央東寄りの縦線だけで，恐らく版木は左右 2 枚が継ぎ合わされた状態で一度に刷り上げられたものと推測されます。その右側部分の板木は版面で約 110x85 ㎝とかなり大きく，当時としてあり得るものだろうかと思案しておりましたが，最近になって京都の芸艸堂(うんそうどう)の早光照子氏にお尋ねしてみたところ，桜材として十分にあり得るサイズで，その後の改訂も埋め木が一般的であろうとのご回答でした。

次に寛政版については，版木は二分されているものの，各々を先に印刷した紙面 2 枚を中程左寄りで左右に貼り継いでいて，継ぎ目の縦線は但馬・播磨と丹後・丹波・摂津の間の国境〜淡路の東から紀伊水道を経てコンパスローズと凡例の間を通っており，これに沿って切り出された東側が西側の上に貼り付けられています。この技法は天明期の(d)を利用していて，これによって版木の幅は安永初版よりも一回り小さくなり入手しやすくなるとともに取り扱いも楽になったのではないかと思います。小さな文字をびっしりと印刷するためには版木は 1 枚板がベストで，できるだけ版木の継ぎ目が問題にならないよう赤水の存命中は創意工夫をしていたものと思われます。

その後の没後版では，例えば天保 11 年の六軒版では出羽の北端付近と薩摩の南端に継ぎ目の横線が認められ，版木は 3 枚構成のようですが，これは昔の流宣大型日本図の技法に戻っています。なお複数のテキストボックスは版木に固定されているようですが中には別刷りのものがあったのかもしれません。

最後に著者の近況ですが，拙著「図説総覧 江戸時代に刊行された世界地図」の英語版の製作に腐心しております。その過程では日本語版の校訂の不備を痛感しつつも，新たな発見もありました。それらにつきましては，また改めてその続編で提示できればと思います。

## 流宣図と赤水図
### ―江戸時代のベストセラー日本地図―

| | | |
|---|---|---|
| 2017 年 10 月 5 日 | 初版発行 | 200 部 |
| 2017 年 11 月 13 日 | 第 2 刷発行 | 180 部 |
| 2017 年 12 月 15 日 | 第 3 刷発行 | 120 部 |
| 2020 年 1 月 31 日 | 改訂第 4 刷発行 | 50 部 |
| 2021 年 4 月 28 日 | 改訂第 5 刷発行 | |
| 2022 年 10 月 26 日 | 第 6 刷発行 | |
| 2024 年 4 月 30 日 | 第 7 刷発行 | |

| | |
|---|---|
| 著　者 | 海田 俊一 |
| 定　価 | 本体価格 1,500 円＋税 |
| 発　行 | 有限会社アルス・メディカ |
| | 〒170-0003 東京都豊島区駒込 1-35-11 |
| 発　売 | 株式会社 三恵社 |
| | 〒462-0056 愛知県名古屋市北区中丸町 2-24-1 |
| | TEL 052-915-5211　FAX 052-915-5019 |
| | URL http://www.sankeisha.com |

本書を無断で複写・複製することを禁じます。乱丁・落丁の場合はお取替えいたします。
©2017 Ars Medica, Ltd.　　　　　　　ISBN 978-4-86487-752-7 C3021 ¥1500E